Direito
Falimentar

www.editorasaraiva.com.br/direito
Visite nossa página

SINOPSES JURÍDICAS

Maria Gabriela Venturoti Perrotta Rios Gonçalves
Tabeliã de Notas e Protestos de Títulos e Documentos.

Victor Eduardo Rios Gonçalves
Promotor de Justiça Criminal e Professor de Direito Penal e Processo Penal no Complexo Educacional Damásio de Jesus.

Direito Falimentar

7ª edição
2ª tiragem
2014

Volume 23

Editora Saraiva

Rua Henrique Schaumann, 270, Cerqueira César — São Paulo — SP
CEP 05413-909
PABX: (11) 3613 3000
SAC: 0800 011 7875
De 2ª a 6ª, das 8:30 às 19:30
www.editorasaraiva.com.br/contato

Diretor editorial Luiz Roberto Curia
Gerente editorial Thaís de Camargo Rodrigues
Assistente editorial Sirlene Miranda de Sales
Produtora editorial Clarissa Boraschi Maria
Preparação de originais Ana Cristina Garcia
  Maria Izabel Barreiros Bitencourt Bressan
Arte e diagramação Mônica Landi
Revisão de provas Ana Beatriz Fraga Moreira
Serviços editoriais Elaine Cristina da Silva
  Tatiana dos Santos Romão
Capa Aero Comunicação
Produção gráfica Marli Rampim
Impressão Ed.Loyola
Acabamento Ed.Loyola

ISBN 978-85-02-02354-3 obra completa
ISBN 978-85-02-21427-9 volume 23

Gonçalves, Maria Gabriela Venturoti Perrotta Rios
  Direito falimentar / Maria Gabriela Venturoti Perrotta Rios Gonçalves, Victor Eduardo Rios Gonçalves. — 7. ed. — São Paulo : Saraiva, 2014. — (Coleção sinopses jurídicas ; v. 23)

  1. Falência 2. Falência - Brasil 3. Falência - Leis e legislação - Brasil I. Gonçalves, Victor Eduardo Rios. II. Título. III. Série.

CDU-347.736 (81)

Índice para catálogo sistemático:

1. Brasil : Direito falimentar 347.736 (81)

Data de fechamento da edição: 27-11-2013

Dúvidas?
Acesse www.editorasaraiva.com.br/direito

Nenhuma parte desta publicação poderá ser reproduzida por qualquer meio ou forma sem a prévia autorização da Editora Saraiva.
A violação dos direitos autorais é crime estabelecido na Lei n. 9.610/98 e punido pelo artigo 184 do Código Penal.

101.875.007.002   963497

ÍNDICE

1. Introdução 9
2. Âmbito de incidência – Quem está sujeito à Lei de Falências 9
   2.1. Das sociedades não personificadas 15
3. Objetivos da nova Lei de Falências e Recuperação de Empresas . 17
4. Lei anterior × lei nova 19
5. Competência 20
6. Da atuação do Ministério Público 22
7. Disposições comuns à recuperação judicial e à falência 26
   7.1. Obrigações não exigíveis 26
   7.2. Suspensão da prescrição, ações e execuções contra o devedor ... 27
   7.3. Distribuição e prevenção 30
   7.4. Da verificação e habilitação dos créditos e da formação do quadro-geral de credores 30
      7.4.1. Introdução 30
      7.4.2. Do procedimento 31
      7.4.3. Habilitação retardatária 34
      7.4.4. Exigências legais para a habilitação de crédito 35
      7.4.5. Ação para retificação do quadro-geral de credores ... 36
      7.4.6. Habilitação de credor particular do sócio ilimitadamente responsável 36
   7.5. Do administrador judicial 37
      7.5.1. Introdução 37
      7.5.2. Da figura do administrador judicial 37
      7.5.3. Nomeação do administrador 38
      7.5.4. Funções do administrador 39
         7.5.4.1. Funções comuns na falência e na recuperação judicial (art. 22, I, *a* a *i*) 39
         7.5.4.2. Funções específicas do administrador na recuperação judicial (art. 22, II) 40
         7.5.4.3. Funções específicas do administrador no processo falimentar (art. 22, III) 41

7.5.5. Da destituição e da substituição do administrador....	43
7.5.6. Remuneração	44
7.6. Comitê de Credores	45
7.7. Da assembleia geral de credores	46
7.7.1. Introdução	46
7.7.2. Atribuições	47
7.7.3. Convocação e instalação	47
7.7.4. Votações	48
8. Da recuperação judicial	57
8.1. Introdução	57
8.2. Legitimidade para requerer a recuperação judicial	58
8.3. Créditos sujeitos à recuperação judicial	59
8.4. Meios de recuperação judicial	61
8.5. Do pedido de recuperação judicial	62
8.6. Do processamento da recuperação judicial	64
8.7. Do plano de recuperação judicial	66
8.8. Do procedimento de recuperação judicial	68
8.8.1. Das objeções ao plano	68
8.8.2. Da votação na assembleia geral	69
8.8.3. Juntada de certidão negativa tributária	71
8.8.4. Deferimento da recuperação	71
8.8.5. Administração da empresa durante a recuperação	72
8.9. Encerramento da recuperação judicial	73
8.10. Da convolação da recuperação judicial em falência	74
8.11. Do plano de recuperação judicial para microempresas e empresas de pequeno porte	75
9. Da recuperação extrajudicial	81
10. Da falência	86
10.1. Introdução	86
10.2. Hipóteses de decretação da falência	86
10.2.1. Impontualidade injustificada (art. 94, I)	86
10.2.2. Frustração de execução (art. 94, II)	87
10.2.3. Prática de ato de falência (art. 94, III)	88
10.3. Sujeito ativo da falência	89
10.4. Sujeito passivo	90
10.5. Procedimento judicial no pedido de falência	90
10.5.1. Introdução	90
10.5.2. Pedido fundado em impontualidade injustificada (art. 94, I)	91
10.5.3. Pedido fundado em execução frustrada (art. 94, II) ..	92

10.5.4. Pedido fundado em ato de falência (art. 94, III) 92
10.5.5. Autofalência 93
10.6. Da sentença que decreta a falência 94
10.7. Da sentença que denega a falência 97
10.8. Dos recursos contra a sentença... 98
10.9. Classificação dos créditos 101
 10.9.1. Créditos extraconcursais (art. 84)....................... 102
 10.9.2. Créditos trabalhistas e decorrentes de acidente do trabalho (art. 83, I) 103
 10.9.3. Créditos com garantia real (art. 83, II) 104
 10.9.4. Créditos tributários (art. 83, III) 105
 10.9.5. Créditos com privilégio especial (art. 83, IV) 106
 10.9.6. Créditos com privilégio geral (art. 83,V).............. 106
 10.9.7. Créditos quirografários (art. 83,VI) 107
 10.9.8. Multas contratuais e penas pecuniárias por infração das leis penais ou administrativas, inclusive as multas tributárias (art. 83,VII)..................................... 108
 10.9.9. Créditos subordinados (art. 83,VIII).................... 108
 10.9.10. Saldo remanescente 109
10.10. Pedido de restituição 109
 10.10.1. Restituição de bem arrecadado 109
 10.10.2. Restituições em dinheiro................................. 110
 10.10.3. Procedimento do pedido de restituição 111
10.11. Embargos de terceiro 114
10.12. Massa falida objetiva e subjetiva...................................... 114
10.13. Dos efeitos da falência com relação às obrigações e contratos do devedor 114
10.14. Dos efeitos da falência com relação aos sócios da sociedade falida 119
 10.14.1. Desconsideração da personalidade jurídica após a decretação da falência 121
10.15. Da responsabilização decorrente de dolo ou culpa 123
10.16. Coobrigados... 124
10.17. Das restrições e dos deveres impostos à pessoa falida 125
10.18. Da ineficácia de atos praticados antes da falência 127
10.19. Da revogação de atos realizados antes da falência (ação revocatória) 128
10.20. Da arrecadação e da custódia dos bens............................. 130
10.21. Da realização do ativo 133
10.22. Do pagamento aos credores 136

10.23. Do encerramento da falência 137
10.24. Extinção das obrigações do falido 138
11. Disposições penais 144
    11.1. Dos crimes em espécie 144
        11.1.1. Fraude a credores 144
        11.1.2. Violação de sigilo empresarial 147
        11.1.3. Divulgação de informações falsas 148
        11.1.4. Indução a erro 148
        11.1.5. Favorecimento de credores 149
        11.1.6. Desvio, ocultação ou apropriação de bens 150
        11.1.7. Aquisição, recebimento ou uso ilegal de bens 151
        11.1.8. Habilitação ilegal de crédito 152
        11.1.9. Exercício ilegal de atividade 153
        11.1.10. Violação de impedimento 153
        11.1.11. Omissão dos documentos contábeis obrigatórios .. 154
    11.2. Disposições comuns 155
        11.2.1. Sujeito ativo 155
        11.2.2. Condição objetiva de punibilidade 156
        11.2.3. Efeitos da condenação 157
        11.2.4. Prescrição 159
        11.2.5. Unidade do crime falimentar 160
    11.3. Do procedimento penal 161
        11.3.1. Competência 161
        11.3.2. Ação penal 162
        11.3.3. Procedimento investigatório e rito processual 163
        11.3.4. Aplicação subsidiária do Código de Processo Penal . 168
12. Disposições finais 171

① INTRODUÇÃO

A nova Lei de Falências (Lei n. 11.101/2005) foi aprovada após uma longa tramitação no Congresso Nacional. Essa lei, publicada em 9 de fevereiro de 2005, entrou em vigor 120 dias depois (art. 201).

É composta por 201 artigos, divididos da seguinte forma:

1) Arts. 1º a 4º – Disposições Preliminares;
2) Arts. 5º a 46 – Disposições Comuns à Recuperação Judicial e à Falência;
3) Arts. 47 a 72 – Da Recuperação Judicial;
4) Arts. 73 e 74 – Da Convolação da Recuperação Judicial em Falência;
5) Arts. 75 a 160 – Da Falência;
6) Arts. 161 a 167 – Da Recuperação Extrajudicial;
7) Arts. 168 a 188 – Disposições Penais;
8) Arts. 189 a 201 – Disposições Finais e Transitórias.

Como se vê, a nova lei falimentar trata basicamente de três institutos: recuperação judicial, recuperação extrajudicial e falência. Além disso, tipifica os crimes falimentares e regulamenta o respectivo procedimento penal.

Contém regras referentes aos mais variados ramos do direito. Possui dispositivos de caráter material, processual, tributário, penal, financeiro etc. Veja, ainda, que a nova lei não exclui a aplicação subsidiária de outras leis, como, por exemplo, do Código Civil, do Código de Processo Civil, do Código de Processo Penal, ou do Código Penal, quando necessários à compreensão e aplicação de determinado instituto jurídico.

② ÂMBITO DE INCIDÊNCIA – QUEM ESTÁ SUJEITO À LEI DE FALÊNCIAS

Os dois primeiros artigos da Lei n. 11.101/2005 foram dedicados a definir quem está e quem não está sujeito aos seus ditames.

O art. 1º diz que as regras referentes à recuperação judicial, recuperação extrajudicial e falência nele descritas aplicam-se ao empresário individual e à sociedade empresária.

A Lei n. 12.441/2011 alterou dispositivos do Código Civil criando a figura da "empresa individual de responsabilidade limitada" (pessoa jurídica), que também se submete às regras falimentares. Conforme indica o próprio nome escolhido pelo legislador, nesse tipo de empresa há um único sócio, detentor de todo o capital social, que responde limitadamente pelas obrigações assumidas pela empresa.

A lei, portanto, é dirigida aos empresários (individuais e individuais de responsabilidade limitada) e às sociedades empresárias, doravante chamados apenas de devedores. Esse é o seu princípio basilar, encartado, como demonstramos acima, em seu art. 1º. Com isso, fica claro que os agentes econômicos civis, ou seja, aqueles que não são empresários individuais, nem sociedades empresárias, têm de submeter-se às regras do Código de Processo Civil, e não à nova lei falimentar, no que se refere à sua insolvência. Antes, contudo, de estabelecermos tal distinção, é necessário salientar que essa lei é moderna, estando em conformidade com a Teoria da Empresa adotada pelo novo Código Civil, fator que tem grande relevância na análise daqueles que se sujeitam ao processo de recuperação judicial ou extrajudicial, e falimentar.

Como se sabe, a antiga Lei de Falências aplicava-se ao comerciante que, sem relevante razão de direito, não pagava no vencimento obrigação líquida constante de título capaz de legitimar uma ação de execução, ou que praticava ato de falência (arts. 1º e 2º do Dec.-Lei n. 7.661/45). O âmbito de incidência desse decreto-lei era demasiadamente restrito na medida em que se baseava na Teoria dos Atos de Comércio – que marcou a segunda fase do direito comercial nacional – e, por isso, não abrangia atividades importantes como, por exemplo, a dos prestadores de serviços e dos agricultores, os quais ficavam, assim, excluídos da lei falimentar e do benefício da concordata. Em face dessa precariedade legislativa, progressivamente, foram sendo aprovadas novas leis com o intuito de alargar o campo de incidência normativo comercial, passando a abrigar outras atividades mercantis e agentes econômicos, até que, com o novo Código Civil (Lei n. 10.406/2002), foi adotada, de forma definitiva, a Teoria da Empresa em nosso ordenamento jurídico, possibilitando, desse modo, a plena abrangência dos agentes econômicos no amparo jurídico comercial.

Há de se fazer aqui, portanto, uma explanação a respeito da Teoria da Empresa, já que o direito comercial de hoje é o direito de empresa, nele estando inseridos os agentes econômico-sociais (empresários individuais e sociedades empresárias mencionados no art. 1º como destinatários da nova lei) e sua respectiva disciplina jurídica. A empresa é um polo de convergência de vários interesses. Nela se encerram os anseios dos funcionários, do Fisco, da sociedade com o consumo e da economia como um todo.

Mas que é empresa? Deve-se lembrar, sempre, que empresa é sinônimo de atividade. Mas que tipo de atividade? Empresa é a atividade desenvolvida profissionalmente e com habitualidade, seja por um empresário (individual ou individual de responsabilidade limitada), seja por uma sociedade empresária, de forma economicamente organizada, voltada à produção ou circulação de mercadorias ou serviços. Assim, empresário é quem desenvolve essa atividade. Se ele for pessoa física, será um empresário individual; se for pessoa jurídica, será uma sociedade empresária ou uma empresa individual de responsabilidade limitada. Resumindo, empresa é atividade, empresário é quem a desenvolve e estabelecimento empresarial é o local onde acontece o exercício da empresa.

O art. 966 do Código Civil conceitua a figura do empresário: "considera-se empresário quem exerce profissionalmente atividade econômica organizada para a produção ou a circulação de bens ou de serviços". Empresa é, como dito, a atividade desenvolvida pelo empresário.

Em suma, o direito comercial atual, assim como a nova Lei de Falências e de Recuperação de Empresas, tem como foco principal a atividade empresarial, entendida esta como atividade profissional, econômica e organizada, voltada à obtenção de lucros. Para desempenhá-la e angariar os referidos lucros, o empresário individual, a empresa individual de responsabilidade limitada ou a sociedade empresária assumem riscos e colocam à disposição da coletividade produtos e serviços. Consideram-se riscos à atividade empresarial as variações econômicas decorrentes do mercado ou do governo, a não aceitação de um produto pelos consumidores, os vícios de serviço, as taxas de juros elevadas, as dificuldades em obtenção de matéria-prima etc. Esses riscos podem levar o empresário à insolvência, e é exatamente disso que trata a lei falimentar.

A profissionalidade no desenvolvimento da atividade empresarial diz respeito à habitualidade com que ela é exercida. A atividade não pode ser eventual. Ademais, é necessária pessoalidade. Isso quer dizer que o empresário deve participar das atividades, mas não sozinho. Ele deve contratar mão de obra para o desenvolvimento da empresa. Os contratados pelo empresário para desenvolvimento da atividade empresarial não são empresários, mais sim prepostos destes, sejam empregados ou prestadores de serviço, os quais com eles comungam objetivos.

Além da profissionalidade e da pessoalidade, para ser empresário é preciso estar dotado do monopólio de informações, isto é, ter conhecimento das técnicas de produção das mercadorias ou da prestação de serviço. O empresário deve conhecer seu público-alvo, as necessidades e anseios deste, os possíveis vícios gerados pelo produto ou serviço fornecido e o modo como fornecê-los corretamente. Veja que conhecimento da técnica ou domínio do monopólio de informações não significam necessariamente tecnologia de ponta. Esta não é indispensável à caracterização da atividade empresarial. Se existir, melhor.

A empresa, por ser uma atividade organizada, deve concentrar os quatro fatores de produção apontados pela doutrina, que são: capital, insumos, mão de obra e tecnologia. O capital é o montante, em espécie ou em títulos, necessário ao seu desenvolvimento. Insumos são os bens articulados pela empresa. A mão de obra, como antes ressaltado, corresponde ao auxílio prestado por prepostos do empresário. A tecnologia, que não corresponde necessariamente à de ponta, diz respeito ao monopólio das informações imprescindíveis à exploração do negócio.

Importante ressaltar que somente quando todos esses elementos estiverem presentes é que se poderá dizer tratar-se de atividade empresarial.

Uma senhora que fabrica e vende doces caseiros é empresária? Vejamos: ela desenvolve profissionalmente uma atividade, há habitualidade, obtenção de lucros e emprego de insumos e tecnologia (ninguém faz doces como ela!). Mas ela trabalha só. Não conta com o auxílio de qualquer preposto. Logo, a senhora vendedora de doces não é empresária, apenas desenvolve atividade civil. Verifica-se, portanto, que o conceito de empresa é obtido por exclusão, de modo que, quem não desenvolve profissionalmente atividade econômica organizada voltada à produção ou circulação de bens ou serviços, nos termos do art. 966 do Código Civil, não é considerado empresário e, assim, não está sujeito ao regime falimentar.

A atividade empresarial é, em essência, econômica, porque voltada à obtenção de lucros. Esses lucros podem ser canalizados para a própria empresa, ou utilizados para fins filantrópicos, como uma escola religiosa, por exemplo, em que os lucros são direcionados para obras assistenciais. O que realmente importa é que a atividade possa gerar lucros para quem a explora.

Conclui-se, assim, que, se não há atividade empresarial, não há empresa. E, se não há empresa, há mera atividade civil, prestada por pessoas físicas ou jurídicas, que não estão sujeitas ao regime falimentar, mas sim à execução concursal prevista no Código de Processo Civil.

As pessoas físicas ou naturais que desenvolvem atividade empresarial são os empresários individuais; as pessoas jurídicas são as sociedades empresárias e as empresas individuais de responsabilidade limitada.

Em suma, empresa é a atividade desenvolvida por empresário individual, por empresa individual de responsabilidade limitada ou por sociedade empresária, sendo estes os destinatários da Lei de Falências.

Uma pessoa jurídica que exerce atividade civil é chamada de sociedade simples (CC, art. 982). Ela não é empresária, estando sujeita às normas que lhe são próprias, dispostas nos arts. 997 a 1.038 do Código Civil, e não à Lei de Falências.

As sociedades empresárias e as empresas individuais de responsabilidade limitada adquirem personalidade jurídica com o registro de seus atos constitutivos (estatutos ou contratos sociais) na Junta Comercial. As sociedades simples adquirem personalidade jurídica com o registro no Ofício de Registro Civil das Pessoas Jurídicas (Lei n. 6.015/73, art. 114).

O parágrafo único do art. 966 do Código Civil, por sua vez, acrescenta que: "não se considera empresário quem exerce profissão intelectual, de natureza científica, literária ou artística, ainda que com o concurso de auxiliares ou colaboradores, salvo se o exercício da profissão constituir elemento de empresa".

Dessa forma, profissionais liberais como advogados, médicos, dentistas, artistas ou músicos não são empresários, salvo se envolvidos em uma cadeia produtiva e operacional que possa ser enquadrada como atividade empresarial, o que ocorre, por exemplo, com uma clínica de estética, em que os médicos são apenas prestadores de serviço dentro da empresa (ou sócios).

Também exercem atividade meramente civil os produtores rurais não registrados na Junta Comercial (órgão de Registro Público das Empresas Mercantis – RPEM). Se estiverem registrados, ficam equiparados, para todos os efeitos, aos empresários (CC, art. 971). Comumente, somente os grandes produtores rurais (agronegócios) constituem empresas, estando registrados na Junta Comercial. A maioria dos produtores são pequenos agricultores que desenvolvem em família suas atividades, não sendo, portanto, registrados, de modo que não são empresários e não se sujeitam ao regime falimentar.

Por fim, outra atividade não considerada empresarial é aquela desenvolvida pelas cooperativas. Estas, nos termos do art. 982 do Código Civil, são sempre sociedades simples, independentemente do objeto por elas desenvolvido.

Assim, encerrando a compreensão do art. 1º da nova lei falimentar, verifica-se que pessoas físicas ou jurídicas que desenvolvem atividade meramente civil (não empresarial), dentre elas os produtores rurais não registrados na Junta Comercial, aqueles que exercem profissão intelectual, de natureza científica, literária ou artística, salvo se o exercício da profissão constituir elemento de empresa, as sociedades simples e as cooperativas, não se submetem a essa nova legislação, estando sujeitas ao regime concursal previsto no Código de Processo Civil. Por outro lado, os empresários individuais, as empresas individuais de responsabilidade limitada e as sociedades empresárias (sociedades em nome coletivo; em comandita simples; por cotas de responsabilidade limitada; em comandita por ações; e anônimas) estão sujeitos à Lei n. 11.101/2005, podendo recorrer aos institutos de recuperação judicial e extrajudicial ou ter a falência decretada.

SUJEITOS AO CPC	SUJEITOS À LEI N. 11.101/2005
Atividades civis desenvolvidas por pessoas físicas ou jurídicas. Exs.: associações, fundações, produtores rurais não registrados na Junta Comercial, sociedades simples, cooperativas, profissionais liberais.	Empresários individuais, empresas individuais de responsabilidade limitada e sociedades empresárias.

Tratemos agora do que dispõe o art. 2º da nova Lei de Falências. Segundo esse dispositivo, a lei não se aplica a: I – empresa pública e sociedade de economia mista; II – instituição financeira pública ou privada, cooperativa de crédito, consórcio, entidade de previdência complementar, sociedade operadora de plano de assistência à saúde, sociedade seguradora, sociedade de capitalização e outras entidades legalmente equiparadas às anteriores.

Estão, assim, excluídos do regime falimentar e de recuperação judicial e extrajudicial: as empresas públicas, as sociedades de economia mista, as instituições financeiras públicas ou privadas, as cooperativas de crédito, os consórcios, as entidades de previdência complementar, as sociedades operadoras de plano de assistência à saúde, as sociedades seguradoras, as sociedades de capitalização e outras entidades legalmente equiparadas às anteriores.

As instituições financeiras são tratadas na Lei n. 6.024/74; as cooperativas, na Lei n. 5.764/71; os consórcios, na Lei n. 6.404/76; as entidades de previdência complementar, na Lei Complementar n. 109/2001; as sociedades operadoras de planos de assistência à saúde estão disciplinadas na Lei n. 9.656/98; as sociedades seguradoras, no Decreto-Lei n. 73/66.

O legislador excluiu todas as sociedades acima descritas do regime geral falimentar por se tratarem de atividades específicas e de relevante interesse social e econômico, sendo-lhes aplicáveis leis especiais no que diz respeito à sua insolvência.

2.1. DAS SOCIEDADES NÃO PERSONIFICADAS

A obrigação de arquivamento dos atos constitutivos (registro) é imprescindível à legalidade da atividade empresarial, bem como à aquisição de personalidade jurídica pelas sociedades empresárias e empresas individuais de responsabilidade limitada. A inscrição do empresário no Registro Público das Empresas Mercantis (RPEM), mediante requerimento dirigido à Junta Comercial, deve atender aos requisitos do art. 968 do Código Civil. Aquele que não cumpre a obrigação de registrar a empresa não adquire personalidade jurídica e é considerado empresário irregular ou de fato e, por isso, sofre severas consequências.

A doutrina costuma fazer uma distinção entre sociedades irregulares e sociedades de fato. As sociedades irregulares são aquelas que possuem um ato constitutivo, porém não registrado, ou aquelas em que o prazo de existência da empresa expirou sem a renovação de seus registros junto ao órgão competente. As sociedades de fato são as que desempenham atividade empresarial, atuam como empresa, mas nem sequer possuem um contrato ou estatuto social. A única diferença entre elas está na disciplina das relações dos sócios entre si ou com terceiros, posto que nas sociedades irregulares, por existir um documento escrito, os sócios têm como provar suas relações, o que não ocorre com as sociedades de fato. Resumidamente, como bem ressaltado por Carvalho Neto, "toda sociedade de fato é irregular, mas a recíproca não é verdadeira". Essas sociedades, que não têm personalidade jurídica, são tratadas pelo Código Civil com a denominação de "sociedades em comum" (arts. 986 e s.).

Independentemente de possuírem ou não personalidade jurídica, as sociedades empresárias podem ter a falência decretada. Para tanto, basta que se prove o efetivo exercício da atividade empresarial. Se não pudessem falir por conta disso, estariam beneficiando-se da não observância das prescrições legais.

As principais consequências da falta de registro são:

a) impossibilidade de requerer a falência de um devedor, pois, para fazê-lo, é necessária a apresentação de certidão da Junta Comercial comprovando a regularidade de suas atividades. Conforme já mencionado, todavia, as sociedades irregulares ou de fato podem figurar no polo passivo de um pedido de falência, bem como requerer sua autofalência (art. 97 da Lei de Falências);

b) impossibilidade de requerer o benefício da recuperação judicial, pois, para requerê-la, o devedor deve comprovar sua regularidade, apresentando o registro de seus atos constitutivos (art. 51,V, da Lei de Falências).

De acordo com a antiga lei falimentar (Dec.-Lei n. 7.661/45), quem não fosse regularmente registrado no órgão competente não poderia requerer o benefício da concordata preventiva, salvo se seu passivo fosse inferior a 100 salários mínimos (art. 140, I). O instituto da concordata foi extinto pela nova lei, sendo substituído pelo instituto da recuperação judicial da empresa.

São também consequências legais decorrentes da falta de registro: falta de eficácia probatória dos livros comerciais; impossibilidade de participação em licitações públicas; responsabilidade ilimitada e solidária dos sócios; impossibilidade de obtenção de CNPJ (Cadastro Nacional de Pessoa Jurídica) e responsabilização tributária por esse descumprimento e pelos que lhe são correlatos, como impossibilidade de emissão de nota fiscal; impossibilidade de cadastro junto ao INSS (Instituto Nacional de Seguridade Social) e sanções disso advindas; inexistência de autonomia entre o patrimônio da pessoa jurídica e de seus sócios; impossibilidade de adoção de forma de microempresa etc.

3 OBJETIVOS DA NOVA LEI DE FALÊNCIAS E RECUPERAÇÃO DE EMPRESAS

Foi com o advento da *Lex Poetelia Papiria* que a execução pelas dívidas do devedor passou a recair sobre seu patrimônio e não mais sobre sua própria pessoa.

A falência surge como um procedimento concursal ou liquidatório específico e complexo em que, em um único processo, reúnem-se os bens do devedor, e são listados os seus credores, que serão pagos seguindo-se uma ordem de preferência prevista na lei. Aos credores que estejam em uma mesma classe é assegurada a proporcionalidade no pagamento para que todos recebam equitativamente (*par conditio creditorum*). Em suma, no procedimento falimentar busca-se a arrecadação dos bens da empresa e o pagamento dos credores de modo proporcional, para que ocorra justiça na distribuição do patrimônio do devedor, satisfazendo-se, ao máximo, e na medida do possível, os anseios dos credores. Esse é o princípio propulsor da falência.

Quando a empresa anda bem, o patrimônio do devedor é capaz de arcar com a totalidade de suas dívidas. Se a atividade empresarial consegue produzir uma margem de lucro que supera as despesas, ela gera superávit, que é reservado em bens ou créditos. Essa é uma empresa solvente no mercado.

Por outro lado, a partir do momento em que existe insolvência, ou seja, a empresa não consegue mais arcar com seus débitos, pode ficar sujeita à liquidação concursal de seu patrimônio, ou, em outras palavras, à falência.

O principal objetivo do direito falimentar é a proteção ao crédito, ou seja, conferir amparo jurídico que possibilite a recuperação do crédito, mediante a diminuição do nível de inadimplência. Os juros altos em vigor no mercado correspondem ao acréscimo referente aos riscos na recuperação dos créditos. Quem paga juros altos está pagando pelos que não pagam devidamente suas dívidas. Alguém tem de arcar com esse prejuízo, embutido como risco e representado por juros altos. A Lei de Falências atua justamente nesse conceito, ou seja, se existem agentes econômicos no mercado que apenas contaminam o sistema, porque prejudiciais, gerando ainda mais débitos, têm de ser excluídos. Tal exclusão é feita mediante a decretação da falência.

Assim, a falência é o processo capaz de retirar os maus agentes econômicos do mercado. Por isso, nem toda falência representa um mal. Empresas atrasadas, insuficientes e mal administradas devem mesmo falir, porque inviáveis e prejudiciais ao sistema econômico. Sua permanência no mercado traz mais malefícios do que aqueles advindos de sua falência.

Os bons agentes econômicos, por sua vez, devem ser resguardados pela lei, sendo-lhes concedidas oportunidades de recuperação em uma situação de crise. A empresa é um polo de convergência de variados interesses: ela cria empregos que, por sua vez, geram renda, consumo, produção e riqueza. Paga tributos que contribuem com o financiamento da máquina estatal, além de oferecer produtos e serviços que beneficiam a sociedade como um todo. Por esses elementos, verifica-se que a empresa é essencial à vida econômica, razão pela qual deve ser mantida, desde que viável. Dessa forma, a legislação falimentar deve ser capaz de retirar do mercado as empresas que não conseguem convergir tais interesses, porque não mais viáveis ao sistema (devem falir), ao passo que deve tentar manter e recuperar aquelas que ainda têm condições de continuar buscando tais objetivos. Esse é o princípio da conservação da empresa viável.

A falência e a concordata, da forma em que dispostas no antigo Decreto-Lei n. 7.661/45, não eram capazes de exercer esse papel, isto é, eliminar de forma concreta do mercado as empresas ruins e dar, eficientemente, à boa empresa em crise condições de se reerguer. Daí a aprovação da nova lei falimentar, que busca oferecer melhores oportunidades para evitar a decretação da quebra e também reduzir a morosidade do procedimento em relação às já decretadas – que era demasiadamente longo. Além disso, desponta o novo instituto da recuperação judicial, em substituição à concordata, que tem por objetivo viabilizar a superação da situação de crise econômico-financeira do devedor (art. 47).

Hoje, portanto, existem três soluções possíveis para os devedores abrangidos pela Lei n. 11.101/2005:

1) ingressar em juízo requerendo a recuperação judicial;

2) negociar com seus credores e pleitear a homologação do acordo de recuperação extrajudicial;

3) falir, quando não houver outra solução.

4 LEI ANTERIOR X LEI NOVA

O art. 192 da nova lei determina que ela não se aplica aos processos de falência ou de concordata ajuizados anteriormente ao início de sua vigência, os quais serão concluídos nos termos do Decreto-Lei n. 7.661/45. Verifica-se, assim, que, por algum tempo, serão aplicadas, paralelamente, ambas as leis. Fica, porém, vedada a concessão da concordata suspensiva nos processos de falência já em curso, podendo ser promovida a alienação dos bens da massa falida assim que concluída sua arrecadação, independentemente da formação do quadro-geral de credores e da conclusão do inquérito judicial (§ 1º).

É possível o pedido de recuperação judicial pelo devedor que não haja descumprido obrigação no âmbito de concordata requerida em período anterior à vigência da nova lei. Fica vedado, contudo, esse pedido se baseado no plano especial de recuperação judicial para microempresas e empresas de pequeno porte (art. 192, § 2º). Deferido o processamento do pedido de recuperação judicial, a concordata será extinta e os créditos submetidos a ela serão inscritos por seu valor original na recuperação judicial, deduzidas as parcelas pagas pelo concordatário (art. 192, § 3º). Dessa forma, perfazendo os requisitos, poderá o devedor optar por converter a concordata antes pleiteada em recuperação judicial.

Aplicar-se-á a nova lei às falências decretadas já em sua vigência, mas resultantes da convolação de concordatas em falência, ou de pedidos de falência anteriormente protocolados (art. 192, § 4º).

5 COMPETÊNCIA

Pelo art. 3º da lei, será competente para a decretação da falência, ou para a homologação do plano de recuperação extrajudicial, ou, ainda, para deferir a recuperação judicial o juízo do local onde se situa o principal estabelecimento do devedor. O legislador, porém, ao mencionar a palavra "juízo", está-se referindo ao foro (comarca), que se determina de acordo com o local do principal estabelecimento do devedor. Em comarcas onde haja mais de um juízo (vara) deve ser realizada a distribuição (art. 78).

Considera-se como principal estabelecimento para fim de determinação de competência aquele em que se concentra o maior volume de transações da empresa. É o ponto economicamente mais importante, não havendo necessidade de que seja fisicamente o maior. Essa conclusão é da doutrina, pois não existe na lei definição do que seja "principal estabelecimento". O Código Civil, em verdade, limita-se a definir estabelecimento empresarial como sendo o "complexo de bens organizados, para exercício da empresa, por empresário, ou por sociedade empresária" (art. 1.142) – sem definir qual deles é o principal.

A lei optou pelo principal estabelecimento para a fixação da competência e não pela sede da empresa mencionada em seu contrato ou estatuto social, pois esta pode ser facilmente trocada mediante alteração de seus atos constitutivos, o que possibilitaria fraudes ou complicações na fixação da competência. As empresas poderiam eleger sedes em locais afastados e de difícil acesso aos credores, bem como alterar esse local sucessivamente, de modo a modificar a competência.

Se a empresa possui apenas um estabelecimento, este é o foro competente. Problema se coloca se a empresa possui mais de um estabelecimento, hipótese em que se deve verificar o de maior movimento para a fixação da competência.

Se o devedor é uma sociedade estrangeira, a competência será a do foro do principal estabelecimento desta no Brasil (filial economicamente mais importante).

O processo falimentar, bem como os pedidos de recuperação judicial e extrajudicial, corre em juízo uno. A unidade de juízo tem plena pertinência, uma vez que, se não houvesse a necessidade de se reunir em um único processo todos os bens do devedor, bem como seus credores, tornar-se-ia praticamente impossível a obtenção da *par conditio creditorum*. Inviável seria o pagamento correto e equitativo dos credores, assim como a apuração eficiente dos bens do devedor. Por isso, o art. 76 da lei dispõe que o juízo da falência é indivisível e competente para conhecer todas as ações sobre bens, interesses e negócios do falido, ressalvadas as causas trabalhistas, fiscais e outras não reguladas na lei em que o falido figure como autor ou litisconsorte ativo. Por essa razão, toda ação proposta contra o devedor deve ser comunicada ao juízo falimentar, seja pelo juiz que a receber, seja pelo devedor, ao ser citado. É a chamada *vis attractiva* do juízo falimentar, que corresponde ao poder de atrair toda e qualquer demanda que seja relacionada à falência. Carvalho de Mendonça, com muita propriedade, até poeticamente, sintetiza a competência falimentar da seguinte maneira: "o juízo falimentar é um mar onde se precipitam todos os rios". Daí decorre a expressão "juízo universal da falência".

Em suma, a partir da decretação da falência, o juízo falimentar passa também a ser competente para todo e qualquer litígio que envolva o agente devedor, com exceção dos foros de competência absoluta (trabalhista, fiscal e outros não regulados na lei em que o falido seja autor ou litisconsorte ativo), tudo nos termos do art. 76 já referido.

Os litígios trabalhistas, por determinação constitucional, deverão ser processados pela Justiça do Trabalho. Obtida a certeza e liquidez de um crédito trabalhista, este será habilitado no juízo falimentar para pagamento.

Veja-se, finalmente, que o art. 79 estabelece que os processos de falência e seus incidentes preferem a todos os outros na ordem dos feitos, em qualquer instância.

6 DA ATUAÇÃO DO MINISTÉRIO PÚBLICO

A atuação genérica do Ministério Público na falência e na recuperação judicial estava prevista no art. 4º da lei; todavia foi vetado pelo Presidente da República.

Diferentemente do que ocorria com o antigo Decreto-Lei n. 7.661/45, em que o representante do Ministério Público era ouvido em toda e qualquer ação proposta pela massa e contra ela, e a ele era dada vista dos autos em todas as fases, agora, como sua participação não foi disciplinada de forma global, somente atuará nos momentos expressamente elencados na lei, como ocorre nos arts. 8º, 19, 22, § 4º, 30, § 2º, 52, V, 59, § 2º, 99, XIII, 132, 142, § 7º, 143, 154, § 3º, bem como no procedimento criminal.

De acordo com parte da doutrina, essa providência foi sadia, na medida em que o Ministério Público só participará do processo nos momentos em que sua atuação se mostre imperiosa, e o procedimento ficará mais célere, já que não será remetido ao *parquet* em todo e qualquer instante. Salientam, ainda, que o juiz encaminhará os autos ao Ministério Público sempre que verificar a existência de interesse público.

Existe, porém, entendimento de que, apesar de o art. 4º da Lei de Falências ter sido vetado, a atuação do Ministério Público em todas as fases do procedimento falimentar é obrigatória. Esse entendimento se baseia no art. 82, III, do Código de Processo Civil, que determina a atuação do Ministério Público sempre que houver interesse público envolvido, e, para os seguidores dessa corrente, há sempre interesse público nos procedimentos tratados na Lei n. 11.101/2005.

Quadro sinótico – Considerações iniciais sobre a Lei n. 11.101/2005

Nova Lei de Falências (Lei n. 11.101/2005)	É composta por 201 artigos e trata basicamente da recuperação judicial, extrajudicial e da falência. Tipifica os crimes falimentares, regulamenta o procedimento penal e não exclui a aplicação subsidiária de outras leis.

Âmbito de incidência	**Incidência** – aplica-se ao empresário individual, à empresa individual de responsabilidade limitada e à sociedade empresária. **Empresários individuais** – pessoas físicas ou naturais que desenvolvem a atividade empresarial. **Empresas individuais de responsabilidade limitada** – pessoas jurídicas compostas por um único sócio, cujo patrimônio é distinto do da empresa. A Lei n. 12.441/2011 alterou dispositivos do Código Civil para possibilitar a criação desse tipo de empresa, exigindo, porém, que o capital social seja igual ou superior a 100 salários mínimos. **Sociedades empresárias** – pessoas jurídicas que exercem a atividade empresarial. **Atividade empresarial** – atividade profissional, econômica e organizada, voltada à obtenção de lucros. **Riscos à atividade empresarial** – variações econômicas e outros fatores que podem levar o empresário à insolvência. **Elementos para a caracterização da figura do empresário**: – **Profissionalidade** (habitualidade com que a atividade é exercida). – **Pessoalidade** (a presença de prepostos, empregados ou prestadores de serviço). – **Monopólio de informações** (conhecimento das técnicas de produção ou da prestação do serviço). **Empresa** – atividade organizada desenvolvida pelo empresário (individual ou sociedade empresária) que deve concentrar: capital, insumos, mão de obra e tecnologia. Importante ressaltar que somente quando todos esses elementos estiverem presentes é que se poderá dizer tratar-se de atividade empresarial. **Atividade civil** – prestada por pessoas físicas ou jurídicas, mas em relação às quais falte algum requisito da figura do empresário e que, por isso, não estão sujeitas ao regime falimentar, mas sim à execução concursal prevista no Código de Processo Civil. **Estão sujeitos à Lei n. 11.101/2005** – os empresários individuais, as empresas individuais de responsabilidade limitada e as sociedades empresárias (sociedades em nome coletivo; em comandita simples; por cotas de responsabilidade limitada; em comandita por ações; e anônimas).

Âmbito de incidência	**Profissionais que não se incluem no conceito de empresário e não estão sujeitos à Lei n. 11.101/2005** – aqueles que exercem profissão intelectual, de natureza científica, literária ou artística, (médicos, advogados, dentistas etc.), mesmo com o concurso de auxiliares ou colaboradores, exceto se o exercício da profissão constituir elemento de empresa (art. 966, parágrafo único, do Código Civil). Os produtores rurais não registrados na Junta Comercial (órgão de Registro Público das Empresas Mercantis – RPEM) e as cooperativas (sociedades simples). A nova Lei de Falências também não se aplica a: I – empresa pública e sociedade de economia mista; II – instituição financeira pública ou privada, cooperativa de crédito, consórcio, entidade de previdência complementar, sociedade operadora de plano de assistência à saúde, sociedade seguradora, sociedade de capitalização e outras entidades legalmente equiparadas às anteriores.
Sociedades não personificadas	**A)** Sociedades irregulares – são aquelas que possuem um ato constitutivo, porém não registrado, ou aquelas em que o prazo de existência da empresa expirou sem a renovação de seus registros junto ao órgão competente. **B)** Sociedades de fato – são as que desempenham atividade empresarial, atuam como sociedade, mas nem sequer possuem um contrato ou estatuto social. As sociedades empresárias podem ter a falência decretada, mesmo sem personalidade jurídica, desde que provem o efetivo exercício da atividade empresarial. **C)** Principais consequências da falta de registro: – impossibilidade de requerer a falência de um devedor; – impossibilidade de requerer o benefício da recuperação judicial. O instituto da concordata foi extinto pela nova lei, sendo substituído pelo instituto da recuperação judicial da empresa.
Objetivos da nova Lei de Falências e Recuperação de Empresas	**Procedimento falimentar** – conjunto de medidas que busca a arrecadação dos bens da empresa e o pagamento dos credores de modo proporcional (*par conditio creditorum*), para que ocorra justiça na distribuição do patrimônio do devedor, satisfazendo-se, ao máximo, e na medida do possível, os anseios dos credores.

Objetivos da nova Lei de Falências e Recuperação de Empresas	**Empresa solvente** – o patrimônio do devedor é capaz de arcar com a totalidade de suas dívidas. **Empresa insolvente** – empresa que não consegue mais arcar com seus débitos e pode ficar sujeita à falência. **Principal objetivo do direito falimentar** – dar proteção ao crédito e retirar do mercado empresas prejudiciais ao interesse econômico, resguardando aquelas que refletem esse interesse (empresas viáveis). **Três soluções possíveis para os devedores abrangidos pela Lei n. 11.101/2005:** 1) ingressar em juízo requerendo a recuperação judicial; 2) negociar com seus credores e pleitear a homologação do acordo de recuperação extrajudicial; 3) falir, quando não houver outra solução.
Lei anterior x lei nova	Por algum tempo serão aplicadas, paralelamente, ambas as leis. As hipóteses de aplicabilidade estão elencadas no art. 192.
Competência	O juízo do local onde se situa o principal estabelecimento do devedor. Em comarcas onde haja mais de um juízo deve ser realizada a distribuição (art. 78). **Principal estabelecimento** – aquele em que se concentra o maior volume de transações da empresa ou o ponto mais importante. Na hipótese de o devedor ser uma sociedade estrangeira será a filial no Brasil economicamente mais importante. *Par conditio creditorum* – o juízo do processo falimentar é uno, indivisível e conta com plena competência, sendo os bens do devedor e os seus credores reunidos num único processo, com exceção das ações trabalhistas, fiscais e outras não reguladas na lei em que o falido figure como autor ou litisconsorte ativo. *Vis attractiva* – princípio do direito falimentar que corresponde ao poder de atrair toda e qualquer demanda que seja relacionada à falência.
Atuação do Ministério Público	O Ministério Público participará do processo, somente nos momentos expressamente elencados no texto legal.

7 DISPOSIÇÕES COMUNS À RECUPERAÇÃO JUDICIAL E À FALÊNCIA

7.1. OBRIGAÇÕES NÃO EXIGÍVEIS

Diz o art. 5º que não são exigíveis do devedor, na recuperação judicial ou na falência:

I – as obrigações a título gratuito;

II – as despesas que os credores fizerem para tomar parte na recuperação judicial ou na falência, salvo as custas judiciais decorrentes de litígio com o devedor.

De acordo com o inciso I, não são exigíveis do devedor os créditos decorrentes de obrigações a título gratuito, que são aquelas em que apenas uma das partes aufere benefício ou vantagem. Dentre estas estão, exemplificativamente, as doações, as cessões, os comodatos, o aval e a fiança. A regra se justifica, pois, se o patrimônio do devedor não é suficiente para arcar com todas as dívidas oriundas de obrigações onerosas, ou seja, em que há uma contraprestação por parte dos credores, não é justo dissipar parte desse montante com obrigações livres de contraprestação. Os contratos gratuitos caracterizam-se como liberalidades que não podem ser honradas em detrimento de obrigações onerosas.

Também não são exigíveis na falência e na recuperação judicial as despesas que os credores tiveram para integrá-las, como, por exemplo, gastos com habilitação e/ou impugnação de crédito.

Por outro lado, as custas judiciais decorrentes de litígio em que o devedor sair vencido poderão ser incluídas como créditos a serem pagos na falência ou recuperação judicial. Se, por exemplo, um credor teve de recorrer a ação judicial para provar a existência, liquidez e certeza de seu crédito, as custas judiciais desse litígio, juntamente com o crédito reconhecido, poderão ser habilitadas na falência ou recuperação judicial. Observe que a lei diz custas processuais, não mencionando honorários advocatícios.

A grande novidade desse artigo está no fato de que, diferentemente da antiga lei falimentar, não há vedação à inclusão do crédito alimentício. Assim, se uma empresa descontava diretamente dos salários de determinados empregados quantia fixada como pensão alimentícia, na eventualidade de quebra, esses credores poderão habilitar seus créditos junto à massa.

O art. 23 da lei anterior também excluía, expressamente, as multas. Estas foram colocadas na categoria de créditos subquirografários pelo texto atual.

7.2. SUSPENSÃO DA PRESCRIÇÃO, AÇÕES E EXECUÇÕES CONTRA O DEVEDOR

O art. 6º, *caput*, estabelece que a decretação da falência ou o deferimento do processamento da recuperação judicial suspende o curso da prescrição e de todas as ações e execuções em face do devedor, inclusive aquelas dos credores particulares do sócio solidário.

A decretação da quebra e o despacho de processamento de recuperação judicial (art. 52) são, assim, os marcos que suspendem o curso prescricional e todas as ações e execuções em face do devedor.

Cumpre inicialmente fazer uma rápida abordagem sobre prescrição. Dispõe o art. 189 do Código Civil que, "violado o direito, nasce para o titular a pretensão, a qual se extingue, pela prescrição, nos prazos a que aludem os arts. 205 e 206". Logo, a prescrição tem início no momento em que um direito é violado, pois nesse instante nasce uma pretensão, a qual se faz valer por meio de ação judicial. Esse direito de ação, todavia, não é eterno, extinguindo-se após o decurso dos prazos expostos nos arts. 205 e 206 do Código Civil.

A prescrição pode ser interrompida ou suspensa. Interrompida, volta a correr novamente desde o início. Suspensa, volta a correr apenas pelo tempo restante. A interrupção da prescrição poderá ocorrer somente uma vez (CC, art. 202). A interrupção depende de comportamento ativo do credor, ao passo que a suspensão decorre automaticamente de fatos previstos em lei.

Voltando ao *caput* do art. 6º antes transcrito, verifica-se que a decretação da quebra importa na suspensão da prescrição das obrigações do falido, assim como aquelas do devedor em recuperação judicial, quando do despacho de processamento desta. Em se tratando de falência, a prescrição voltará a correr a partir do trânsito em julgado da sentença de encerramento da falência (art. 157), e, na recuperação, a partir do encerramento desta, ambas pelo tempo restante.

Não há suspensão de prazos decadenciais, pois estes não se interrompem, nem se suspendem, salvo exceções raríssimas contidas em lei.

Também não se suspende a prescrição relativa a obrigações em que o devedor falido ou em recuperação seja o credor.

Além disso, impõe também o art. 6º a suspensão do curso das ações e execuções que correm contra o falido. Observe-se que o art. 99 já dispõe que, na sentença em que decreta a falência, o juiz ordenará a suspensão dessas ações e execuções. Todavia, conforme se verá adiante, essa regra não é absoluta.

O dispositivo tem pertinência, pois, se o procedimento falimentar visa à arrecadação de todo o patrimônio do falido, sua venda e pagamento dos credores, em um mesmo processo, em ordem preestabelecida, isso não seria possível se as execuções individuais contra o falido pudessem prosseguir. Ora, na execução individual também são vendidos bens para pagamento do exequente. Se elas seguissem, restaria inviabilizada a *par conditio creditorum*.

Importante frisar que se suspendem as execuções contra o falido, e não aquelas em que ele é exequente. O prosseguimento destas não implica prejuízo à falência, pelo contrário, podem angariar ativos a serem rateados entre os credores.

Como ressaltado, a regra da suspensão das execuções não é absoluta. Se a execução individual de um credor contra o devedor falido já possui hasta pública designada, por questão de economia processual, deve ela ser realizada. O valor obtido, entretanto, não será entregue ao exequente, e sim agregado à massa. Esse exequente, por sua vez, terá de se habilitar na falência para receber seu crédito. Ora, no processo falimentar ocorre efetivamente a venda dos bens do devedor para satisfação dos credores. Se uma ou mais vendas forem feitas daquela maneira, não haverá prejuízo ao procedimento falimentar. Se o bem levado à hasta não for vendido, suspender-se-á, então, a execução individual, sendo o bem levado à massa para prosseguir juntamente com o restante do patrimônio do falido.

Por outro lado, se a hasta pública (praça ou leilão) já tiver ocorrido na época da prolação da sentença declaratória de falência, poderá o exequente levantar o valor obtido com a venda. Se este for superior à dívida executada, a diferença será entregue à massa. Se, ao contrário, restar um saldo credor, caberá ao exequente habilitar-se para receber o restante no curso do processo falimentar.

Por fim, cumpre ainda frisar que a massa falida é entidade sem personalidade jurídica, a qual, nos termos do art. 12, III, do Código de Processo Civil, é representada ativa e passivamente pelo administrador judicial (figura jurídica que substitui o síndico da lei anterior).

Se por um lado a suspensão das execuções em curso no momento da decretação da falência ampara-se no fato de que seria um contrassenso seu prosseguimento, por outro, em se tratando de recuperação judicial, o argumento é distinto. Nesta, o escopo da lei, ao suspender as ações e execuções, é oferecer condições de superação da crise. Veja-se, porém, que o art. 6º, em seu § 4º, estabelece que, na recuperação judicial, a suspensão em hipótese nenhuma excederá o prazo improrrogável de 180 dias contado do deferimento do processamento da recuperação, restabelecendo-se, após o decurso do prazo, o direito dos credores de iniciar ou continuar suas ações e execuções, independentemente de pronunciamento judicial.

Conforme já mencionado, não é absoluta a regra de suspensão de ações contra o devedor. O art. 6º, § 1º, estabelece que terá prosseguimento no juízo no qual estiver se processando a ação que demandar quantia ilíquida. Nessas ações, decidida a liquidez e certeza do crédito contra o falido, caberá sua inclusão no quadro-geral de credores, independentemente de habilitação. Também as reclamações trabalhistas prosseguem, na Justiça do Trabalho, até decisão final, sendo que o crédito apurado será inscrito no quadro-geral pelo valor determinado na sentença (art. 6º, § 2º). Nesses casos, deverá o juiz da causa comunicar ao juízo falimentar, sendo referida inclusão automática.

Para garantir que o credor não sofra prejuízos por rateios já efetuados, prevê a lei, nessas duas hipóteses – ações que demandam quantias ilíquidas ou dívidas trabalhistas –, a possibilidade de reserva do valor do crédito para satisfação no momento do seu ingresso no juízo falimentar (art. 6º, § 3º). Essa reserva é determinada pelo próprio juiz da causa em que se discute o crédito, ao juiz da falência ou recuperação, com estimativa do quanto será arbitrado, e, uma vez reconhecido líquido o direito, será incluído no quadro-geral. Feita a reserva do valor estimado, ainda que sejam efetuados rateios, o valor daquele crédito estará resguardado, na hipótese de uma decisão tardia do litígio. Se os valores reservados não forem utilizados para pagamento do credor que obteve a reserva (derrota na ação judicial, por exemplo), serão rateados no juízo falimentar entre os credores remanescentes (art. 149, § 1º).

Há doutrinadores que sustentam que o próprio interessado pode fazer pedido de reserva direto ao juiz da falência ou da recuperação, mediante apresentação de certidão ou outros documentos comprobatórios da existência da ação e do valor discutido.

Por fim, o art. 6º, § 7º, estabelece que as execuções de natureza fiscal não são suspensas pelo deferimento da recuperação judicial, ressalvada a concessão de parcelamento nos termos do Código Tributário Nacional e da legislação ordinária específica. Esse dispositivo refere-se apenas à recuperação judicial.

7.3. DISTRIBUIÇÃO E PREVENÇÃO

A distribuição do pedido de falência ou de recuperação judicial previne a jurisdição para qualquer outro pedido de recuperação judicial ou de falência, relativo ao mesmo devedor (art. 6º, § 8º). Assim, havendo na comarca mais de um juízo competente para a apreciação da matéria, a distribuição do primeiro pedido de falência ou recuperação judicial torna-o prevento para apreciação de outros pedidos que venham a ser feitos contra o mesmo devedor enquanto pendente de julgamento o primeiro. Observe-se que a prevenção, diferentemente do que dispõem os arts. 106 e 219 do Código de Processo Civil, não se dá com a citação válida ou o despacho do juiz competente, mas com a distribuição do pedido de falência ou recuperação judicial.

Em razão da omissão contida na lei, a distribuição de pedido homologatório de recuperação extrajudicial não torna prevento o juízo para análise de outro pedido da mesma natureza.

7.4. DA VERIFICAÇÃO E HABILITAÇÃO DOS CRÉDITOS E DA FORMAÇÃO DO QUADRO-GERAL DE CREDORES

7.4.1. INTRODUÇÃO

Como já salientado, o objetivo maior do processo falimentar é a venda dos bens do falido e o pagamento dos credores de acordo com a ordem legal de preferência. Isso quer dizer que deverão integrar a falência todos os credores da empresa falida, cada qual com seu crédito comprovado, estando devidamente estabelecido seu valor. Para que essa meta seja alcançada, os créditos devem passar por uma verificação, sendo posteriormente habilitados os que forem comprovados, formando-se, assim, uma lista para pagamento, chamada de quadro-geral de credores.

Essa verificação é feita pelo administrador judicial, podendo, contudo, passar pelo crivo jurisdicional em procedimento incidental, se houver impugnação judicial a algum crédito.

O procedimento de verificação e habilitação dos créditos é o mesmo na falência e na recuperação judicial. Na primeira, entretanto, o pagamento deve ser feito de acordo com uma ordem de preferência já estabelecida na própria lei (arts. 83 e 84), enquanto na recuperação a ordem legal não é obrigatória, pois a lei permite que outra seja pactuada entre as partes, desde que respeitada a prevalência dos créditos trabalhistas.

7.4.2. DO PROCEDIMENTO

O juiz, ao determinar o processamento da recuperação judicial ou decretar a falência, mandará publicar edital com a relação nominal de credores, na qual constará também a natureza, a classificação, o valor do crédito e o endereço do credor. Na recuperação judicial essa relação é apresentada pelo devedor junto com a petição inicial (art. 52, § 1º, II). Na autofalência é apresentada pelo devedor juntamente com o pedido. Nas demais hipóteses de falência, ela é juntada pelo falido, no prazo de 5 dias, a contar da decretação da quebra (art. 99, III) em decorrência de ordem judicial (sob pena de desobediência).

Publicado o edital, os credores terão o prazo de 15 dias para manifestar, perante o administrador judicial, divergências quanto ao seu conteúdo ou requerer a habilitação de algum crédito ausente (art. 7º, § 1º). Nas "divergências" os credores podem, por exemplo, contestar a presença de outros credores na lista, o valor atribuído a um crédito, a classificação a ele dada etc.

Nos termos do art. 7º, *caput*, da lei, caberá ao administrador decidir a respeito do que tiver sido requerido. Nesse momento, o procedimento não está sujeito ao crivo do juiz, de modo que não é necessário que o credor se manifeste por meio de advogado.

O administrador, após analisar as divergências apresentadas e os pedidos de habilitação, fará publicar nova relação de credores, no prazo de 45 dias a contar do término do prazo mencionado no art. 7º, § 1º. Para tanto o administrador deverá analisar os livros contábeis e documentos comerciais e fiscais do devedor, bem como os documentos apresentados pelos credores, podendo sempre contar com o auxílio de profissionais ou empresas especializadas. Com essa análise, poderá acrescentar ou excluir credores ou alterar outras informações que considerar equivocadas (natureza de algum crédito, seu valor etc.).

Ao publicar esse novo edital, o administrador deverá indicar o local e o horário em que o devedor ou seus sócios, qualquer credor, o Ministério Público ou o Comitê de Credores terão acesso aos documentos que fundamentaram a elaboração dessa relação. No prazo de 10 dias, contados da publicação desse edital, qualquer dessas pessoas poderá apresentar impugnação ao juiz, questionando a relação de credores, apontando a ausência de qualquer crédito ou manifestando-se contra a legitimidade, importância ou classificação de crédito relacionado (art. 8º). Essa impugnação, portanto, pode dizer respeito à ausência de um crédito, e, assim, tornar-se-á uma verdadeira habilitação a ser solucionada, desta vez jurisdicionalmente, em incidente processual, ou será uma impugnação de crédito propriamente dita, em que se questiona a legitimidade de crédito incluído, seu valor ou classificação. Deverão apresentar impugnação, por exemplo, os credores cujas habilitações ou divergências não tenham sido acolhidas pelo administrador judicial, que não alterou seu entendimento na época da publicação do segundo edital descrito no art. 7º, § 2º. Também o Ministério Público, o devedor ou seus sócios e o Comitê de Credores (pelo voto de sua maioria) poderão impugnar a relação de credores, visando à sua correção.

Apresentada a impugnação, deverá ela ser autuada em separado, como incidente processual, para não tumultuar o andamento da ação principal. Como se trata de procedimento submetido ao crivo judiciário, deve ser feito por meio de advogado. O procedimento a ser observado está descrito nos arts. 13 a 15 da lei, e é o mesmo na falência e na recuperação judicial.

O art. 13 diz que "a impugnação será dirigida ao juiz por meio de petição, instruída com os documentos que tiver o impugnante, o qual indicará as provas consideradas necessárias". Cada impugnação será autuada em apartado, mas, independentemente de quem sejam os impugnantes, aquelas relativas ao mesmo crédito devem ser reunidas. É o que ocorre, por exemplo, quando vários credores pleiteiam a exclusão de um mesmo crédito.

O art. 11 dispõe que os credores cujos créditos forem impugnados serão intimados para contestar a impugnação, no prazo de 5 dias. Se o próprio credor for o impugnante (porque não concorda com a classificação ou valor de seu crédito), o devedor e os demais credores é que deverão ser intimados para contestar a impugnação.

Juntadas as contestações, o devedor e o Comitê, se houver, terão o prazo de 5 dias para apresentar manifestação acerca do incidente. Em seguida, abre-se novo prazo, de mais 5 dias, para a juntada de parecer do administrador judicial, acompanhado de laudo elaborado pelo profissional ou empresa especializada, se for o caso, e de todas as informações existentes nos livros fiscais e demais documentos do devedor acerca do crédito constante ou não da relação de credores, objeto da impugnação. Encerradas essas providências, os autos seguem conclusos ao juiz para decisão.

O juiz, então: a) determinará a imediata inclusão, no quadro-geral de credores, dos créditos não impugnados, no valor constante da relação referida no § 2º do art. 7º; b) julgará as impugnações que entender suficientemente esclarecidas; c) determinará a produção de provas em relação às impugnações em que isso se faça necessário e marcará data para a audiência de instrução e julgamento.

Julgadas as impugnações, caberá ao administrador elaborar o quadro-geral de credores com base nos créditos não impugnados e nas decisões proferidas pelo juiz nas impugnações (art. 18). Esse quadro-geral deverá ser homologado pelo juiz para surtir efeito e ser assinado por ambos. O quadro-geral mencionará o valor e a classificação de cada crédito na data do requerimento da recuperação ou da decretação da falência, sendo juntado aos autos e publicado no *Diário Oficial*, no prazo de 5 dias, após o julgamento das impugnações.

Contra a decisão que julgar a impugnação caberá recurso de agravo de instrumento, que não tem efeito suspensivo, exceto se tal efeito tiver sido conferido pelo relator para o fim exclusivo de exercício de direito de voto em assembleia geral de credores.

Se algum credor apresentar impugnação solicitando a inclusão de um crédito e o juiz julgar improcedente o pedido, o credor poderá interpor agravo. Contudo, como esse recurso não tem efeito suspensivo, não impedirá a formação do quadro-geral de credores e a realização de rateios entre os credores nele incluídos. Nesse caso, todavia, o credor que recorreu não corre o risco de ser prejudicado, pois o art. 16 da lei diz que será feita reserva do valor respectivo para que possa ser pago caso venha a ser incluído após a realização de algum rateio. Se o Tribunal, porém, negar provimento ao recurso, o valor reservado será rateado posteriormente entre os demais credores. Se a impugnação for parcial, o credor será pago imediatamente com base no valor incontroverso e será feita reserva apenas da diferença.

Observação: Caso nenhuma impugnação seja apresentada, o juiz homologará, como quadro-geral de credores, a relação elaborada pelo administrador por ocasião da publicação do edital de que trata o art. 7º, § 2º, sendo desnecessária nova publicação no *Diário Oficial*.

7.4.3. HABILITAÇÃO RETARDATÁRIA

As pessoas cujos créditos não tenham sido mencionados em relação apresentada pelo próprio devedor ao juiz têm um momento próprio para requerer sua habilitação, qual seja o prazo de 15 dias mencionado no art. 7º, § 1º. Esse pedido é endereçado ao administrador, mas, caso não acolhido por este, poderá ser objeto da chamada impugnação-habilitação, feita perante o juiz, conforme já estudado. Se o credor, todavia, perder o prazo de 15 dias para requerer sua habilitação perante o administrador, poderá requerer sua habilitação diretamente ao juiz, desde que ainda não tenha sido formado o quadro-geral. Esta é a chamada habilitação retardatária, que seguirá o mesmo trâmite previsto para as impugnações nos arts. 11 a 15, sendo autuadas em separado (art. 10, *caput*). A lei, todavia, contempla outra hipótese de habilitação retardatária, que é aquela pleiteada após a formação do quadro-geral de credores, a qual deverá ser feita por meio de ação própria, pelo rito ordinário previsto no Código de Processo Civil, visando à retificação do quadro-geral (art. 15, § 6º).

Na falência, os créditos retardatários perdem direito a rateios eventualmente realizados e ficam sujeitos ao pagamento de custas, não se computando os acessórios compreendidos entre o término do prazo e a data do pedido de habilitação (art. 10, § 3º). Na data do requerimento, o credor retardatário pode pedir reserva de valor para satisfazer seu crédito, pois, se houver rateios durante o período de julgamento e inclusão no quadro-geral, ele não se prejudica.

O fato de ser retardatária a habilitação impede o credor de votar na assembleia geral eventualmente realizada na ação falimentar, exceto se ela for realizada após a inclusão do crédito retardatário. Na recuperação judicial, os credores retardatários não têm direito a voto, exceto se o crédito for trabalhista.

7.4.4. EXIGÊNCIAS LEGAIS PARA A HABILITAÇÃO DE CRÉDITO

O art. 9º estabelece que a habilitação de crédito realizada pelo credor nos termos do art. 7º, § 1º, da lei deverá conter: a) o nome, o endereço do credor e o endereço em que receberá comunicação de qualquer ato do processo; b) o valor do crédito, atualizado até a data da decretação da falência ou do pedido de recuperação judicial, sua origem e classificação; c) os documentos comprobatórios do crédito e a indicação das demais provas a serem produzidas; d) a indicação da garantia prestada pelo devedor, se houver, e o respectivo instrumento; e) a especificação do objeto da garantia que estiver na posse do credor.

Essas exigências existem também para a habilitação retardatária de crédito.

O dispositivo mais interessante é o que exige a comprovação da origem do crédito. Isso significa que, se o credor é beneficiário de um título de crédito, como uma nota promissória ou letra de câmbio, deve provar sua origem, apesar de tais títulos gozarem, ordinariamente, de autonomia e abstração. Nesse caso, o negócio jurídico subjacente que deu causa à assinatura do título deverá ser especificado, de modo que se demonstre a causa da obrigação do devedor. Em uma duplicata mercantil, que é um título causal, deve ser apresentada a comprovação da venda da mercadoria ou prestação do serviço. Não comprovada a causa, o crédito não será habilitado. Como já ressaltado, deve-se zelar para que somente componham o quadro-geral os créditos provados e legítimos.

O parágrafo único do art. 9º permite a apresentação dos títulos e documentos no original ou em cópias autenticadas se aqueles estiverem juntados em outro processo. De acordo com o art. 365, II, do Código de Processo Civil, as reproduções de documentos conferidas em cartório com os respectivos originais fazem a mesma prova que estes (Lei n. 8.935/94, art. 7º,V).

7.4.5. AÇÃO PARA RETIFICAÇÃO DO QUADRO-GERAL DE CREDORES

Além da habilitação retardatária, por meio de ação própria, após a formação do quadro-geral (art. 10, § 6º), o art. 19 dispõe que, até o encerramento da recuperação judicial ou da falência, poderá ser proposta ação, pelo rito ordinário do Código de Processo Civil, visando à exclusão, outra classificação ou retificação de qualquer crédito incluído no quadro-geral, no caso de ter sido descoberta falsidade, dolo, simulação, fraude, erro essencial ou, ainda, documentos ignorados na época do julgamento do crédito ou de sua inclusão no quadro. Essa ação pode ser movida pelo administrador judicial, pelo Comitê, por qualquer credor e pelo Ministério Público. A ação será proposta exclusivamente perante o juízo da recuperação judicial ou da falência ou, nas hipóteses previstas no art. 6º, §§ 1º e 2º, da lei (ações que demandam quantia ilíquida ou trabalhistas), perante o juízo que tenha originariamente reconhecido o crédito.

Uma vez proposta a ação de que trata o art. 19, o pagamento ao titular do crédito por ela atingido somente poderá ser realizado mediante a prestação de caução no mesmo valor do crédito questionado (art. 19, § 2º). Se, ao final, ficar comprovado o dolo ou má-fé na constituição do crédito, os valores recebidos devem ser restituídos em dobro, acrescidos dos juros legais (art. 152).

7.4.6. HABILITAÇÃO DE CREDOR PARTICULAR DO SÓCIO ILIMITADAMENTE RESPONSÁVEL

Os integrantes de sociedade em nome coletivo, em comandita simples e em comandita por ações, têm responsabilidade ilimitada, de forma que seu patrimônio pessoal também responde pelas dívidas da empresa. Assim, uma vez decretada a falência, são arrecadados os bens da empresa e os bens pessoais dos sócios, de modo que os credores particulares destes também devem habilitar-se no procedimento falimentar, seguindo o mesmo procedimento de habilitação já estudado. É o que diz o art. 20 da Lei de Falências.

7.5. DO ADMINISTRADOR JUDICIAL

7.5.1. INTRODUÇÃO

O administrador judicial é o profissional, eleito pela lei falimentar, em substituição à antiga figura do síndico, para administrar a massa falida e auxiliar o juiz na condução do procedimento falimentar ou de recuperação judicial. O administrador atua ao lado de outros órgãos importantes no juízo falimentar, como o Ministério Público, o Comitê de Credores e a assembleia geral. As funções do administrador estão expressamente elencadas na lei em um extenso rol, mas, *grosso modo*, ele é o elo de ligação entre a massa falida e o juízo falimentar. O art. 76, parágrafo único, dá uma noção da importância dessa figura ao estabelecer que todas as ações sobre bens, interesses ou negócios do falido prosseguirão com o administrador judicial, que será intimado para representar a massa.

O administrador judicial exerce funções de extrema importância junto ao juízo falimentar, zelando pelo cumprimento da Lei de Falências e pela eficaz realização do ativo e pagamento dos credores com a concretização da *par conditio creditorum*.

No procedimento de recuperação judicial incumbe ao administrador o zelo e a fiscalização do plano de recuperação aprovado.

A fiscalização do administrador, por sua vez, é feita pelo juiz e pelo Comitê de Credores (se houver).

O administrador deve prestar contas de sua atuação, sob pena de destituição.

7.5.2. DA FIGURA DO ADMINISTRADOR JUDICIAL

A lei expressamente estabelece que o administrador pode ser pessoa física ou jurídica. Na primeira hipótese deve ser profissional idôneo, preferencialmente advogado, economista, administrador de empresas ou contador. Não é necessário, portanto, que o administrador seja advogado. Este poderá, contudo, ser contratado para auxiliá-lo ou para defender os interesses da massa (art. 22, III, *n*). O administrador também pode ser pessoa jurídica especializada. Nesse caso, deverá declarar o nome do profissional que ficará responsável pela condução do processo de falência ou de recuperação judicial, o qual não poderá ser substituído sem autorização do juiz (art. 21).

O juiz não poderá nomear para exercer as funções de administrador judicial quem, nos últimos 5 anos, no exercício do cargo de administrador judicial ou de membro de Comitê de Credores em falência ou recuperação judicial anterior, tenha sido destituído, deixado de prestar contas dentro dos prazos legais ou tido a prestação de contas reprovada (art. 30). Ficará também impedido de exercer a função de administrador judicial quem tiver relação de parentesco ou afinidade até o terceiro grau com o devedor, seus administradores, controladores ou representantes legais ou deles for amigo, inimigo ou dependente (art. 30, § 1º). A lei estabelece, por fim, que o devedor, qualquer credor ou o Ministério Público poderão requerer ao juiz a substituição do administrador judicial nomeado em desobediência aos preceitos legais mencionados (art. 30, § 2º).

7.5.3. NOMEAÇÃO DO ADMINISTRADOR

A nomeação do administrador judicial é feita pelo juiz no despacho que determina o processamento do pedido de recuperação judicial (art. 52, I), ou na sentença que decreta a falência (art. 99, IX).

O administrador judicial, logo que nomeado, será intimado pessoalmente para, em 48 horas, assinar, na sede do juízo, o termo de compromisso de bem e fielmente desempenhar o cargo e assumir todas as responsabilidades a ele inerentes (art. 33). Não assinado o termo de compromisso no prazo, o juiz nomeará outro administrador em substituição ao primeiro.

A função de administrador é indelegável, pois a lei veda qualquer espécie de substituição sem autorização judicial.

7.5.4. FUNÇÕES DO ADMINISTRADOR

7.5.4.1. Funções comuns na falência e na recuperação judicial (art. 22, I, *a* a *i*)

A lei estabelece as seguintes funções para o administrador, tanto na falência quanto na recuperação:

a) enviar correspondência aos credores constantes na relação de que trata o inciso III do *caput* do art. 51, o inciso III do *caput* do art. 99 ou o inciso II do *caput* do art. 105 desta Lei, comunicando a data do pedido de recuperação judicial ou da decretação da falência, a natureza, o valor e a classificação dada ao crédito. O administrador é o primeiro a entrar em contato com os credores, pois, mediante correspondência, informa-os da decretação da falência ou do processamento da recuperação judicial, e os cientifica de que seu nome consta no rol dos credores e esclarece a respeito do tipo de classificação dada a seu crédito, para que as pessoas comunicadas tenham condição de analisar sua situação;

b) fornecer, com presteza, todas as informações pedidas pelos credores interessados. O administrador deve, por exemplo, fornecer informações para que os credores conheçam a real situação da empresa;

c) dar extratos dos livros do devedor, que merecerão fé de ofício, a fim de servirem de fundamento nas habilitações e impugnações de créditos;

d) exigir dos credores, do devedor ou seus administradores quaisquer informações. Caso haja recusa, o juiz, a requerimento do administrador, intimará a pessoa que se está recusando para que compareça à sede do juízo, sob pena de desobediência, e, então, a ouvirá, na presença do administrador, tomando seus depoimentos por escrito, a fim de que seja esclarecida a informação de que o administrador necessita (art. 22, § 2º);

e) elaborar a relação de credores de que trata o § 2º do art. 7º desta lei. Ver comentários no item 7.4.2;

f) consolidar o quadro-geral de credores nos termos do art. 18 desta lei. Ver comentários no item 7.4.2;

g) requerer ao juiz convocação da assembleia geral de credores nos casos previstos nesta Lei ou quando entender necessária sua ouvida para a tomada de decisões. Esse tema será estudado oportunamente no item 7.7;

h) contratar, mediante autorização judicial, profissionais ou empresas especializadas para, quando necessário, auxiliá-lo no exercício de suas funções. As remunerações desses auxiliares serão fixadas pelo juiz, que considerará a complexidade dos trabalhos a serem executados e os valores praticados no mercado para o desempenho de atividades semelhantes (art. 22, § 1º). Por sua vez, estabelece o art. 25 que esses auxiliares serão remunerados pela massa ou pelo devedor. Se o administrador, todavia, contratar auxiliar sem autorização judicial, caberá a ele arcar com a sua remuneração;

i) manifestar-se nos casos previstos nesta Lei. É evidente tratar-se de obrigação do administrador apresentar manifestação nas hipóteses em que a lei expressamente o exigir.

O art. 28 estabelece, ainda, que, nas hipóteses em que o Comitê de Credores não for instalado – quer por falta de interesses destes, quer por se tratar de uma falência de pequeno porte –, caberá ao administrador exercer suas funções, exceto aquelas que forem incompatíveis, como, por exemplo, a de fiscalizar a si próprio, função que, evidentemente, incumbirá ao juiz.

7.5.4.2. Funções específicas do administrador na recuperação judicial (art. 22, II)

A lei elenca, também de forma expressa, funções que o administrador exerce apenas na recuperação judicial. São elas:

a) fiscalizar as atividades do devedor e o cumprimento do plano de recuperação judicial;

b) requerer a falência no caso de descumprimento de obrigação assumida no plano de recuperação;

c) apresentar ao juiz, para juntada aos autos, relatório mensal das atividades do devedor;

d) apresentar o relatório sobre a execução do plano de recuperação, de que trata o inciso III do *caput* do art. 63 da Lei.

7.5.4.3. Funções específicas do administrador no processo falimentar (art. 22, III)

As funções do administrador próprias do processo falimentar são as seguintes:

a) avisar, pelo órgão oficial, o lugar e hora em que, diariamente, os credores terão à sua disposição os livros e documentos do falido;

b) examinar a escrituração do devedor;

c) relacionar os processos e assumir a representação judicial da massa falida;

d) receber e abrir a correspondência dirigida ao devedor, entregando a ele o que não for assunto de interesse da massa;

e) apresentar, no prazo de 40 dias, contado da assinatura do termo de compromisso, prorrogável por igual período, relatório sobre as causas e circunstâncias que conduziram à situação de falência, no qual apontará a responsabilidade civil e penal dos envolvidos, observado o disposto no art. 186 desta Lei. Com base nesse relatório, o Ministério Público poderá oferecer denúncia por crime falimentar;

f) arrecadar os bens e documentos do devedor e elaborar o auto de arrecadação, nos termos dos arts. 108 e 110 desta Lei. Esses bens serão vendidos para a satisfação dos créditos;

g) avaliar os bens arrecadados;

h) contratar avaliadores, de preferência oficiais, mediante autorização judicial, para a avaliação dos bens caso entenda não ter condições técnicas para a tarefa. Esse dispositivo trata, especificamente, da contratação de avaliadores, mas o art. 22, I, *h*, permite a contratação de outros profissionais para auxiliar o administrador. As remunerações dos avaliadores contratados serão fixadas pelo juiz, que considerará a complexidade dos trabalhos a serem executados e os valores praticados no mercado para o desempenho de atividade semelhante (art. 22, § 1º). Por sua vez, estabelece o art. 25 que esses auxiliares serão remunerados pela massa ou pelo devedor. Se o administrador, todavia, contratar avaliador sem autorização judicial, caberá a ele arcar com a remuneração do auxiliar;

i) praticar os atos necessários à realização do ativo e ao pagamento dos credores;

j) requerer ao juiz a venda antecipada de bens perecíveis, deterioráveis ou sujeitos a considerável desvalorização ou de conservação arriscada ou dispendiosa, nos termos do art. 113 desta Lei;
k) praticar todos os atos conservatórios de direitos e ações, diligenciar a cobrança de dívidas e dar a respectiva quitação;
l) remir, em benefício da massa e mediante autorização judicial, bens apenhados, penhorados ou legalmente retidos;
m) representar a massa falida em juízo, contratando, se necessário, advogado, cujos honorários serão previamente ajustados e aprovados pelo Comitê de Credores;
n) requerer todas as medidas e diligências que forem necessárias para o cumprimento da Lei, a proteção da massa ou a eficiência da administração. Esse dispositivo é bastante genérico e tem a finalidade de permitir que o administrador tome a iniciativa de requerer qualquer espécie de medida ou diligência para que o procedimento falimentar alcance seu objetivo principal, que é o pagamento dos credores;
o) apresentar ao juiz para juntada aos autos, até o 10º dia do mês seguinte ao vencido, conta demonstrativa da administração, que especifique com clareza a receita e a despesa;
p) entregar ao seu substituto todos os bens e documentos da massa em seu poder, sob pena de responsabilidade;
q) prestar contas ao final do processo, quando for substituído, destituído ou renunciar ao cargo.

Os poderes do administrador não são ilimitados, pois, conforme foi possível notar, existem inúmeras providências que ele só pode tomar mediante autorização judicial. Além disso, o art. 22, § 3º, dispõe que, na falência, o administrador judicial não poderá transigir sobre obrigações e direitos da massa falida ou conceder abatimento de dívidas, ainda que sejam consideradas de difícil recebimento, salvo se houver autorização judicial, após ouvidos o Comitê e o devedor no prazo comum de 2 dias.

O art. 31, por sua vez, diz que o juiz pode destituir o administrador que descumprir seus deveres, for omisso ou negligente, ou praticar ato lesivo ao devedor ou terceiro. O art. 32, aliás, esclarece que ele responderá pelos prejuízos causados à massa falida, ao devedor ou aos credores por dolo ou culpa.

7.5.5. DA DESTITUIÇÃO E DA SUBSTITUIÇÃO DO ADMINISTRADOR

Esses institutos não se confundem. A substituição não é uma sanção e, por isso, o substituído recebe remuneração proporcional ao trabalho realizado e não está impedido de exercer novamente a função em outra falência. Ocorre, por exemplo, quando o administrador renuncia de forma justificada ao encargo. A lei também menciona substituição na hipótese de o administrador ter sido nomeado com infringência às vedações do art. 30 (art. 30, § 2º), ou quando o administrador nomeado na falência não assinar o termo de compromisso no prazo estipulado.

O administrador que renunciar sem relevante razão será substituído, mas não terá direito à remuneração (art. 24, § 3º).

A destituição, por sua vez, é uma sanção aplicada ao administrador que age de forma irresponsável. As principais consequências são a vedação para novo exercício de função de administrador, ou para integrar o Comitê de Credores, pelo prazo de 5 anos (art. 30, *caput*), bem como a perda do direito à remuneração (art. 33, § 3º). A lei estabelece uma hipótese específica em que o juiz deve destituir o administrador e, posteriormente, elenca hipóteses genéricas que necessitam de apreciação por parte do julgador.

A hipótese específica é aquela em que o administrador não apresenta, no prazo legal, as contas e relatórios a que está obrigado (art. 23). Nesse caso, findo o prazo, o juiz determina sua intimação pessoal para que os apresente em um prazo de 5 dias, sob pena de desobediência. Se não o fizer, será destituído. Nesse caso, o juiz nomeará outro administrador, que apresentará as contas ou relatórios faltantes.

Já o art. 31 menciona genericamente que o juiz destituirá o administrador que descumprir os preceitos da lei, seus deveres, for omisso, negligente ou praticar ato lesivo às atividades do devedor ou de terceiro. Nesse caso, a destituição pode ser decretada pelo juiz, de ofício ou em razão de requerimento fundamentado de qualquer interessado (ou do Ministério Público). Antes de decidir, o juiz deve ouvir o administrador, possibilitando que ele se justifique. A decisão judicial também deve ser fundamentada e poderá ser atacada por agravo de instrumento. Ao destituir o administrador, o juiz deverá nomear outro para exercer o cargo.

Existe ainda a situação do administrador que, ao final do processo, tem suas contas desaprovadas. Nesse caso, ele também não poderá exercer nova função no prazo de 5 anos (art. 30, *caput*) e não terá direito à remuneração (art. 24, § 4º). O art. 154, § 5º, por sua vez, diz que a sentença que rejeitar as contas do administrador judicial fixará suas responsabilidades, podendo determinar a indisponibilidade ou o sequestro de bens e servirá de título executivo para indenização da massa.

7.5.6. REMUNERAÇÃO

Dispõe a lei, em seu art. 24, que cabe ao juiz determinar o valor e a forma de pagamento do administrador, levando-se em consideração a capacidade de pagamento do devedor (volume da massa), o grau de complexidade do trabalho e os valores praticados no mercado para atividades semelhantes. Esse montante atribuído pelo juiz não poderá ultrapassar 5% do valor devido aos credores na recuperação judicial ou da venda total dos bens no caso de falência.

A forma de pagamento, em verdade, só é fixada pelo juiz na recuperação judicial, pois, em relação à falência, a própria lei estabelece que 60% do valor será a ele entregue após a venda dos bens do falido, ou seja, por ocasião do pagamento dos credores (art. 149). Esse valor, devido ao administrador, por ser considerado crédito extraconcursal (art. 84), tem preferência em relação ao dos demais credores. O juiz fará reserva dos 40% restantes, que só serão pagos após a apresentação e aprovação das contas do administrador (arts. 154 e 155). Caso sejam rejeitadas as contas apresentadas pelo administrador, o juiz fixará suas responsabilidades, podendo determinar a indisponibilidade ou o sequestro de seus bens, como forma para restituição dos 60% já recebidos ou por outros prejuízos causados. Essa sentença serve como título executivo judicial para indenização da massa (art. 154, § 5º).

Caberá ao devedor ou à massa falida arcar com as despesas relativas à remuneração do administrador. Essa remuneração não tem caráter de salário, pois não existe vínculo empregatício entre o devedor ou a massa e o administrador judicial.

7.6. COMITÊ DE CREDORES

A formação do Comitê de Credores na falência e na recuperação judicial é facultativa (art. 12), só devendo ocorrer em grandes falências, pois, embora seus membros não tenham direito à remuneração, as despesas para a realização de seus atos (reuniões, editais, p. ex.) são custeadas pela massa ou pelo devedor (art. 29). A formação do Comitê decorre de deliberação da assembleia geral de credores, convocada pelo juiz, de ofício ou mediante requerimento de credores (arts. 26, 35 e 99, XII). Se o Comitê não for formado, suas funções serão exercidas pelo administrador judicial (art. 28).

Em regra, o Comitê é composto por três classes de credores: a) trabalhistas; b) com direito real de garantia ou privilégio especial; c) quirografários e com privilégios gerais. Cada classe terá um titular e dois suplentes. Na escolha dos representantes de cada classe, somente os respectivos credores é que poderão votar (art. 44).

O art. 26, § 2º, esclarece que a falta de indicação de representante de uma das classes não impede a formação do Comitê, que pode funcionar com número de classes inferior ao previsto. É possível, por exemplo, que nem existam credores de uma das categorias.

Nas deliberações do Comitê, cada classe terá direito a apenas um voto, decidindo-se pela maioria. Se só existirem duas classes, será necessária unanimidade. Se houver empate, caberá ao administrador judicial decidir, e, na incompatibilidade deste, ao juiz.

Caberá, ainda, aos próprios membros do Comitê indicar, dentre eles, quem irá presidi-lo (art. 26, § 3º).

Os membros do Comitê estão sujeitos às mesmas regras dos administradores judiciais quanto à substituição e destituição (arts. 30 e 31). Na hipótese de substituição ou destituição de membro do Comitê, assumirá seu suplente. Se todos os membros do Comitê praticarem ato lesivo aos interesses da massa ou do devedor, serão todos destituídos, sem prejuízo de responderem pelos prejuízos causados à massa falida, ao devedor ou aos credores por dolo ou culpa. O dissidente em deliberação do Comitê deve consignar sua discordância em ata para eximir-se dessa responsabilidade, caso algum prejuízo decorra da decisão tomada na votação (art. 32).

O Comitê de Credores tem as seguintes atribuições (art. 27):

I – na recuperação judicial e na falência:

a) fiscalizar as atividades e examinar as contas do administrador judicial;
b) zelar pelo bom andamento do processo e pelo cumprimento da lei;
c) comunicar ao juiz, caso detecte violação dos direitos ou prejuízo aos interesses dos credores;
d) apurar e emitir parecer sobre quaisquer reclamações dos interessados;
e) requerer ao juiz a convocação da assembleia geral de credores;
f) manifestar-se nas hipóteses previstas nesta lei;

II – na recuperação judicial:

a) fiscalizar a administração das atividades do devedor, apresentando, a cada 30 dias, relatório de sua situação;
b) fiscalizar a execução do plano de recuperação judicial;
c) submeter à autorização do juiz, quando ocorrer o afastamento do devedor nas hipóteses previstas nesta lei, a alienação de bens do ativo permanente, a constituição de ônus reais e outras garantias, bem como atos de endividamento necessários à continuação da atividade empresarial durante o período que antecede a aprovação do plano de recuperação judicial.

7.7. DA ASSEMBLEIA GERAL DE CREDORES

7.7.1. INTRODUÇÃO

A assembleia geral nada mais é do que um colegiado formado pelos credores que delibera sobre matérias que afetam seus interesses diretos. Como há interesses divergentes entre os credores, principalmente entre aqueles que ocupam classes de créditos diversas, nada mais justo que sejam tomadas decisões embasadas na vontade da maioria. Sua convocação não é obrigatória na falência, só se justificando quando a complexidade da causa for considerável ou se os credores a entenderem necessária. Na recuperação judicial, todavia, a convocação da assembleia geral é obrigatória, pois ela deve aprovar o plano de recuperação apresentado pelo devedor (exceto quando se tratar de microempresa ou empresa de pequeno porte).

7.7.2. ATRIBUIÇÕES

A própria lei estabelece os temas que se sujeitam à deliberação da assembleia geral.

O art. 35, I, dispõe que, na recuperação judicial, a assembleia deve deliberar sobre:

1) aprovação, rejeição ou modificação do plano de recuperação judicial apresentado pelo devedor;

2) constituição do Comitê de Credores, escolha de seus membros e sua substituição;

3) pedido de desistência do devedor;

4) escolha do gestor judicial, quando do afastamento do devedor;

5) qualquer outra matéria que possa afetar os interesses dos credores.

Por sua vez, o art. 35, II, estabelece que, no procedimento falimentar, as deliberações podem referir-se a:

1) constituição do Comitê de Credores, escolha de seus membros e sua substituição;

2) adoção de outras modalidades de realização do ativo, na forma do art. 145 da lei;

3) qualquer outra matéria que possa afetar os interesses dos credores.

7.7.3. CONVOCAÇÃO E INSTALAÇÃO

A assembleia geral será convocada, de ofício, pelo juiz, nas hipóteses previstas em lei (art. 36, *caput*), ou em razão de requerimento de credores que representem, pelo menos, 25% do valor total de créditos de determinada classe (art. 36, § 2º), ou do Comitê de Credores (art. 27, I, *e*), ou do administrador judicial (art. 22, I, *g*).

O edital de convocação será publicado no órgão oficial e em jornais de grande circulação nas localidades da sede e filiais, com antecedência mínima de 15 dias, o qual conterá: **a)** local, data e hora da assembleia em 1ª e em 2ª convocação, não podendo esta ser realizada em menos de 5 dias depois da 1ª; **b)** ordem do dia; **c)** local onde os credores poderão, se for o caso, obter cópia do plano de recuperação judicial a ser submetido à deliberação da assembleia. Cópia do aviso de convocação da assembleia deverá ser afixada de forma ostensiva na sede e filiais do devedor (art. 36).

As despesas com a convocação e a realização da assembleia geral correm por conta do devedor ou da massa falida, salvo se convocada em virtude de requerimento do Comitê de Credores ou de requerimento de 25% dos credores de determinada classe, hipótese em que estes arcarão com as despesas.

A assembleia será presidida pelo administrador judicial, que designará um secretário dentre os credores presentes. Contudo, se a deliberação for sobre o afastamento do administrador judicial, ou qualquer outra em que haja incompatibilidade deste, a assembleia será presidida pelo credor presente titular do maior crédito.

A assembleia instalar-se-á, em 1ª convocação, com a presença de credores titulares de mais da metade dos créditos de cada classe, computados pelo valor, e, em 2ª convocação, com qualquer número. Essa última convocação, conforme já mencionado, deve ocorrer pelo menos 5 dias depois da 1ª.

Para participar da assembleia, cada credor deverá assinar a lista de presença, que será encerrada no momento da instalação.

O credor poderá ser representado na assembleia geral por mandatário ou representante legal, desde que entregue ao administrador judicial, até 24 horas antes da data prevista no aviso de convocação, documento hábil que comprove seus poderes ou a indicação das folhas dos autos do processo em que se encontre o documento.

Os sindicatos de trabalhadores poderão representar seus associados titulares de créditos derivados da legislação do trabalho ou decorrentes de acidente de trabalho que não comparecerem, pessoalmente ou por procurador, à assembleia. Para exercer essa prerrogativa, o sindicato deverá apresentar ao administrador judicial, até 10 dias antes da assembleia, a relação dos associados que pretende representar, e o trabalhador que conste da relação de mais de um sindicato deverá esclarecer, até 24 horas antes da assembleia, qual sindicato o representa, sob pena de não ser representado em assembleia por nenhum deles (art. 37, § 6º, I).

7.7.4. VOTAÇÕES

Têm direito a voto os credores arrolados no quadro-geral. Caso ainda não tenha sido homologado esse quadro, poderão votar os credores que constem da relação apresentada pelo administrador judicial, somados àqueles cujos créditos tenham sido admitidos por decisão judicial até a data da realização da assembleia. Não têm direito a voto os credores mencionados no art. 49, §§ 3º e 4º.

Os credores são divididos em três classes:

I – titulares de créditos trabalhistas ou decorrentes de acidente do trabalho;

II – titulares de crédito com garantia real;

III – titulares de créditos quirografários, com privilégio especial ou geral, ou subordinados.

Na maioria das votações, entretanto, essa divisão é irrelevante, pois considera-se aprovada a proposta que obtiver voto favorável de credores que representem mais da metade do valor total dos votos presentes (art. 42). O voto de cada credor é proporcional ao valor de seu crédito (art. 38).

Existem, porém, algumas hipóteses em que a votação é feita dentro de cada classe, como ocorre na formação do Comitê de Credores e na aprovação do plano de recuperação judicial. Nesta última, inclusive, existe um sistema complexo para a aprovação do plano que será estudado no item 8.8.2.

A lei prevê formas para a venda dos bens do devedor falido, mas permite que a assembleia geral, por meio de voto, altere a forma de realização do ativo (art. 145). Nesse caso, a votação também não é feita por classes, e sim pelo valor total dos créditos, mas o art. 46 exige a aprovação por 2/3 dos créditos presentes à assembleia.

O art. 43 elenca algumas pessoas que podem participar da assembleia, tendo, portanto, direito de voz, mas que não têm direito a voto e não são consideradas para averiguação do *quorum* de instalação. São elas: a) os sócios do devedor; b) os integrantes de sociedades coligadas, controladoras, controladas ou as que tenham sócio ou acionista com participação superior a 10% do capital social do devedor ou em que o devedor ou algum de seus sócios detenham participação superior a 10% do capital social; c) o cônjuge ou parente, consanguíneo ou afim, colateral até o 2º grau, ascendente ou descendente do devedor, de administrador, do sócio controlador, de membro dos conselhos consultivo, fiscal ou semelhantes da sociedade devedora e à sociedade em que quaisquer dessas pessoas exerçam essas funções.

Do ocorrido na assembleia, lavrar-se-á ata que conterá o nome dos presentes e as assinaturas do presidente, do devedor e de 2 membros de cada uma das classes votantes, e que será entregue ao juiz, juntamente com a lista de presença, no prazo de 48 horas (art. 37, § 7º).

O art. 39, § 2º, diz que as deliberações da assembleia geral não serão invalidadas em razão de posterior decisão judicial acerca da existência, quantificação ou classificação de créditos. Já o § 3º desse artigo dispõe que, se por outra razão houver a invalidação posterior de deliberação da assembleia, ficam resguardados os direitos de terceiros de boa-fé, respondendo os credores que aprovarem a deliberação pelos prejuízos comprovados causados por dolo ou culpa.

O art. 40 proíbe a concessão de liminar para suspensão ou adiamento de assembleia geral em razão de pendência de discussão acerca da existência, quantificação ou classificação de crédito. Há autores que refutam a constitucionalidade do dispositivo, asseverando que o art. 5º, XXXV, garante a indeclinabilidade de jurisdição.

Quadro sinótico – Disposições comuns à recuperação judicial e à falência

Obrigações não exigíveis	a) as obrigações a título gratuito, tais como as doações, as cessões, os comodatos, o aval e a fiança; b) as despesas que os credores fizerem para tomar parte na recuperação judicial ou na falência, salvo as custas judiciais decorrentes de litígio com o devedor. Não há vedação à inclusão do crédito alimentício. As multas, segundo a nova lei, foram colocadas na categoria de créditos subquirografários, sendo, portanto, exigíveis.
Suspensão da prescrição, ações e execuções contra o devedor	A decretação da falência ou o deferimento do processamento da recuperação judicial suspende o curso da prescrição e de todas as ações e execuções em face do devedor, inclusive aquelas dos credores particulares do sócio solidário. Em se tratando de falência, a prescrição voltará a correr a partir do trânsito em julgado da sentença de encerramento da falência (art. 157), e, na recuperação, a partir do encerramento desta, ambas pelo tempo restante.

Suspensão da prescrição, ações e execuções contra o devedor	São suspensas as execuções contra o falido, e não aquelas em que ele é exequente. Exceções – obrigações em que o devedor falido ou em recuperação seja o credor e demais hipóteses elencadas nos arts. 6º e 7º.
Distribuição e prevenção	A distribuição do pedido de falência ou de recuperação judicial previne a jurisdição para qualquer outro pedido de recuperação judicial ou de falência, relativo ao mesmo devedor (art. 6º, § 8º).
Procedimento na falência e na recuperação judicial	É elaborada uma lista para pagamento (quadro-geral de credores). A verificação é realizada pelo administrador judicial. Na falência, o pagamento deve ser feito de acordo com uma ordem de preferência (arts. 83 e 84). Na recuperação judicial a ordem legal não é obrigatória e pode ser pactuada entre as partes, respeitada a prevalência dos créditos trabalhistas. a) Publicação do edital com a relação nominal de credores. b) Prazo de 15 dias para a manifestação dos credores perante o administrador judicial. c) O administrador, após analisar as divergências apresentadas e os pedidos de habilitação, fará publicar nova relação de credores, no prazo de 45 dias a contar do término do prazo mencionado no item anterior. d) Publicação de novo edital, com indicação do local e horário em que o devedor ou seus sócios, qualquer credor, o Ministério Público ou o Comitê de Credores terão acesso aos documentos que fundamentaram a elaboração dessa relação. e) Possibilidade de impugnação judicial por qualquer dessas pessoas no prazo de 10 dias, contados da publicação desse edital. f) Juntadas as contestações, o devedor e o Comitê, se houver, terão o prazo de 5 dias para apresentar manifestação acerca do incidente.

Procedimento na falência e na recuperação judicial	g) Novo prazo, de mais 5 dias, para a juntada de parecer do administrador judicial, acompanhado de laudo elaborado pelo profissional ou empresa especializada, se for o caso, e de todas as informações existentes nos livros fiscais e demais documentos do devedor acerca do crédito constante ou não da relação de credores, objeto da impugnação. h) Encerradas essas providências, os autos seguem conclusos ao juiz para decisão. **Recursos** – contra a decisão que julgar a impugnação caberá recurso de agravo de instrumento (sem efeito suspensivo, salvo exceções). Na solicitação de inclusão de algum crédito pelo credor e na hipótese de decisão judicial improcedente caberá a interposição de agravo (sem efeito suspensivo).
Habilitação retardatária	É a habilitação requerida diretamente ao juiz pelo credor mediante a perda do prazo de 15 dias para a apresentação ao administrador, desde que ainda não tenha sido criado o quadro-geral. Segue o mesmo trâmite das impugnações descritas nos arts. 11 a 15 e pode ser pleiteada através de ação própria.
Exigências legais para a habilitação de crédito	a) o nome, o endereço do credor e o endereço em que receberá comunicação de qualquer ato do processo; b) o valor do crédito, atualizado até a data da decretação da falência ou do pedido de recuperação judicial, sua origem e classificação; c) os documentos comprobatórios do crédito e a indicação das demais provas a serem produzidas; d) a indicação da garantia prestada pelo devedor, se houver, e o respectivo instrumento; e) a especificação do objeto da garantia que estiver na posse do credor.
Ação para retificação do quadro-geral de credores	Visa à exclusão, outra classificação ou retificação de qualquer crédito incluído no quadro-geral diante de qualquer falsidade, dolo, simulação, fraude, erro essencial e segue o rito ordinário.

Habilitação de credor particular do sócio ilimitadamente responsável	**Responsabilidade ilimitada** – o patrimônio pessoal dos integrantes também responde pelas dívidas da empresa. São considerados de responsabilidade ilimitada os integrantes das sociedades em: a) nome coletivo; b) comandita simples; c) comandita por ações.
Administrador judicial	Profissional eleito pela lei falimentar para administrar a massa falida e auxiliar o juiz na condução do procedimento falimentar ou de recuperação judicial. Atua com o Ministério Público, o Comitê de Credores e a assembleia geral representando um elo de ligação entre a massa falida e o juízo falimentar. Pode ser pessoa física (profissional idôneo) ou jurídica (com indicação do profissional que ficará responsável pela condução da falência ou da recuperação judicial).
Nomeação do administrador	Feita pelo juiz através de despacho (art. 52, I), ou da sentença que decreta a falência (art. 99, IX).
Funções comuns do administrador na falência e na recuperação judicial	a) enviar correspondência aos credores comunicando a data do pedido de recuperação judicial ou da decretação da falência, a natureza, o valor e a classificação dada ao crédito; b) fornecer, com presteza, todas as informações pedidas pelos credores interessados; c) dar extratos dos livros do devedor; d) exigir dos credores, do devedor ou seus administradores quaisquer informações; e) elaborar a relação de credores; f) consolidar o quadro-geral de credores; g) requerer ao juiz convocação da assembleia geral de credores; h) contratar profissionais ou empresas especializadas para auxiliá-lo no exercício de suas funções; i) manifestar-se nos casos previstos na lei.

Funções específicas do administrador na recuperação judicial	a) fiscalizar as atividades do devedor; b) requerer a falência no caso de descumprimento de obrigação; c) apresentar relatório mensal das atividades do devedor; d) apresentar relatório sobre a execução do plano de recuperação.
Funções específicas do administrador no processo falimentar	a) avisar o lugar e hora em que os credores terão os livros e documentos do falido; b) examinar a escrituração do devedor; c) relacionar os processos e assumir a representação judicial da massa falida; d) receber e abrir a correspondência dirigida ao devedor; e) apresentar relatório sobre as causas e circunstâncias que conduziram à situação de falência; f) elaborar o auto de arrecadação; g) avaliar os bens arrecadados; h) contratar avaliadores para a avaliação dos bens caso entenda não ter condições técnicas para a tarefa; i) praticar os atos necessários à realização do ativo e ao pagamento dos credores; j) requerer ao juiz a venda antecipada de bens perecíveis, deterioráveis ou sujeitos a considerável desvalorização ou de conservação arriscada ou dispendiosa; k) praticar atos conservatórios de direitos e ações, diligenciar a cobrança de dívidas e dar a respectiva quitação; l) remir, em benefício da massa e mediante autorização judicial, bens apenhados, penhorados ou legalmente retidos; m) representar a massa falida em juízo, contratando, se necessário, advogado; n) requerer todas as medidas e diligências para o cumprimento da lei, a proteção da massa ou a eficiência da administração; o) apresentar ao juiz conta demonstrativa da administração, que especifique com clareza a receita e a despesa; p) entregar ao seu substituto todos os bens e documentos da massa em seu poder; q) prestar contas ao final do processo, quando for substituído, destituído ou renunciar ao cargo.

Destituição e substituição do administrador	**Substituição:** a) não tem caráter de sanção; b) o substituído recebe remuneração; c) não há impedimento do substituído para exercer a função em outra falência. **Destituição:** a) é considerada uma sanção; b) há impedimento para novo exercício da função de administrador, ou para integrar o Comitê de Credores por 5 anos; c) ocorre a perda do direito à remuneração.
Remuneração	**Valor e forma de pagamento do administrador** a) determinados pelo juiz; b) o valor não deve ultrapassar 5% do valor devido aos credores na recuperação judicial ou na venda total dos bens no caso de falência.
Comitê de Credores	**Funções em ambos os institutos:** a) fiscalizar as atividades e examinar as contas do administrador judicial; b) zelar pelo bom andamento do processo e pelo cumprimento da lei; c) comunicar ao juiz, caso detecte violação dos direitos ou prejuízo aos interesses dos credores; d) apurar e emitir parecer sobre quaisquer reclamações dos interessados; e) requerer ao juiz a convocação da assembleia geral de credores; f) manifestar-se nas hipóteses previstas nesta lei. **Somente na recuperação judicial:** a) fiscalizar a administração das atividades do devedor, apresentando relatório de sua situação; b) fiscalizar a execução do plano de recuperação judicial; c) submeter à autorização do juiz a alienação de bens do ativo permanente, a constituição de ônus reais e outras garantias, além de atos de endividamento necessários à continuação da atividade empresarial durante o período que antecede a aprovação do plano de recuperação judicial.

Assembleia geral de credores	Colegiado formado pelos credores que delibera sobre matérias que afetam seus interesses diretos: – não é obrigatória na falência; – é obrigatória na recuperação judicial.
Atribuições da assembleia geral de credores	**Na recuperação judicial deve deliberar acerca de:** – aprovação, rejeição ou modificação do plano de recuperação judicial; – constituição do Comitê de Credores, escolha de seus membros e sua substituição; – pedido de desistência do devedor; – escolha do gestor judicial, quando do afastamento do devedor; – qualquer outra matéria que possa afetar os interesses dos credores. **Na falência:** 1) constituição do Comitê de Credores, escolha de seus membros e sua substituição; 2) adoção de outras modalidades de realização do ativo; 3) qualquer outra matéria que possa afetar os interesses dos credores.
Convocação e instalação da assembleia geral	– Ocorre nas hipóteses previstas em lei (art. 36, *caput*). – Em razão de requerimento de credores que representem, pelo menos, 25% do valor total de créditos de determinada classe (art. 36, § 2º), ou do Comitê de Credores (art. 27, I, *e*), ou do administrador judicial (art. 22, I, *g*).
Votações	Podem ser realizadas por classes ou pelo valor total dos créditos, dependendo da hipótese.

8. DA RECUPERAÇÃO JUDICIAL

8.1. INTRODUÇÃO

A criação do instituto da recuperação judicial é um importantíssimo avanço trazido pela Lei n. 11.101/2005. Trata-se de instituto que busca viabilizar a reestruturação da empresa em crise, pois nem sempre as soluções existentes no próprio mercado mostram-se suficientes para auxiliá-la na superação desse mal momento. Por essa razão, o Estado, por meio da nova lei, possibilita a essas empresas a apresentação de um plano de recuperação, sob o crivo jurisdicional.

O art. 47 da lei dispõe que "a recuperação judicial tem por objetivo viabilizar a superação da situação de crise econômico-financeira do devedor, a fim de permitir a manutenção da fonte produtora, do emprego dos trabalhadores e dos interesses dos credores, promovendo, assim, a preservação da empresa, sua função social e o estímulo à atividade econômica".

Obviamente que ao mercado não interessa a manutenção de empresas inadimplentes, atrasadas, mal administradas etc. Para elas, está reservado o instituto da falência, com a liquidação dos ativos, o pagamento do passivo e a extinção no mundo jurídico e econômico. Outro não é o fim das empresas em crise que buscam a recuperação judicial, mas não conseguem desenvolver o plano de reestruturação, ou que têm esse plano rejeitado por seus credores, hipóteses em que tal recuperação será convolada em falência. Em outras palavras, o devedor deverá demonstrar capacidade real de recuperação, caso contrário terá sua falência decretada.

O instituto da concordata, previsto no antigo Decreto-Lei n. 7.661/45, foi extinto e substituído pela recuperação judicial, mecanismo mais moderno e eficaz no combate à crise da empresa. Com efeito, enquanto a concordata restringia-se à remissão de dívidas e dilação de prazos para pagamento dos credores, a recuperação judicial prevê um verdadeiro plano de reestruturação, com diversas medidas de ordem financeira, jurídica, econômica e comercial, as quais conferem efetivas chances para a superação da crise. Ademais, na recuperação judicial há intensa participação dos credores, responsáveis pela aprovação ou rejeição do plano de recuperação escolhido pelo devedor, bem como pela fiscalização do seu cumprimento. Na concordata, os credores eram meros espectadores que deveriam contentar-se com a remissão e/ou moratória impostas.

8.2. LEGITIMIDADE PARA REQUERER A RECUPERAÇÃO JUDICIAL

Têm legitimidade para requerer a recuperação judicial o empresário individual e a sociedade empresária. Têm também essa legitimidade o cônjuge sobrevivente, seus herdeiros, ou o inventariante, ou, ainda, o sócio remanescente de sociedade empresária (art. 48, parágrafo único).

O devedor poderá fazer o requerimento de recuperação judicial para restabelecer a normalidade econômico-financeira da empresa em crise, ainda que exista pedido de falência contra ele. Isso porque a recuperação judicial pode ser requerida diretamente, ou no prazo de defesa em pedido de falência formulado por um credor, nos termos do art. 95 da lei.

São requisitos para que o devedor requeira a recuperação judicial (art. 48, *caput*):

I – exercer regularmente suas atividades há mais de 2 anos. Essa prova se faz mediante apresentação do registro de seus atos constitutivos (contrato ou estatuto social) no Registro Público das Empresas (Junta Comercial);

II – não ser falido e, se o foi, estarem declaradas extintas, por sentença transitada em julgado, as responsabilidades disso decorrentes;

III – não ter, há menos de 5 anos, obtido concessão de recuperação judicial. Com isso evita-se a chamada "indústria da recuperação judicial", pois, se o empresário já a obteve e, em menos de 5 anos, dela necessita novamente, significa que não possui condições suficientes para se manter no mercado de modo positivo;

IV – não ter, há menos de 8 anos, obtido a concessão de recuperação judicial com base no plano especial previsto para microempresas e empresas de pequeno porte exposto nos arts. 70 a 72;

V – não ter sido condenado ou não ter, como administrador ou sócio controlador, pessoa condenada por qualquer dos crimes previstos na lei.

O fato de o devedor possuir títulos ou documentos de dívida protestados não obsta a que requeira a recuperação judicial. Pelo contrário, a existência de protesto é sinal indicativo de que ele enfrenta alguma crise de liquidez e, portanto, a recuperação judicial lhe é imperiosa.

8.3. CRÉDITOS SUJEITOS À RECUPERAÇÃO JUDICIAL

Estão sujeitos à recuperação judicial todos os créditos existentes na data do pedido, ainda que não vencidos (art. 49, *caput*).

Aqueles que se tornarem credores da empresa em crise no dia seguinte ao do pedido não poderão ser incluídos no plano de recuperação judicial. Além disso, como se verá adiante, havendo convolação desta em falência, terão situação privilegiada em relação ao quadro-geral de credores.

Estão, portanto, sujeitos à recuperação judicial todos os créditos existentes até o momento do pedido. As obrigações observarão as condições originalmente contratadas ou definidas em lei, inclusive no que diz respeito aos encargos, salvo se de modo diverso ficar estabelecido no plano de recuperação (art. 49, § 2º). Assim, não prevendo o plano qualquer alteração nas condições, garantias ou encargos, o credor receberá seu crédito na forma como originariamente convencionado.

O Superior Tribunal de Justiça entende que os honorários advocatícios fixados em sentença posterior ao deferimento da recuperação judicial não podem ser excluídos de suas consequências quando decorrentes de ação movida antes desta. Entendem os integrantes da Corte que, se não fosse assim, os advogados seriam beneficiados em relação aos demais trabalhadores da empresa cujos créditos integram a recuperação.

Os credores da empresa em recuperação judicial conservam seus direitos e privilégios contra coobrigados, fiadores e obrigados de regresso. Por isso, observando que houve pedido de recuperação judicial, o credor poderá voltar-se contra o coobrigado, fiador ou avalista e receber o que lhe é devido. Pago o credor, o coobrigado sub-roga-se nos seus direitos, assumindo sua posição e integrando o quadro de credores da recuperação judicial (art. 49, § 1º).

Por sua vez, não são exigíveis do devedor em recuperação judicial as obrigações a título gratuito, assim como as despesas que os credores fizerem para tomar parte na recuperação judicial, salvo as custas decorrentes de litígio judicial entre as partes (art. 5º, II).

Também não se incluem na recuperação judicial os credores titulares de posição de proprietário fiduciário de bens móveis ou imóveis, de arrendador mercantil, de proprietário ou promitente vendedor de imóvel cujos respectivos contratos contenham cláusula de irrevogabilidade ou irretratabilidade, inclusive em incorporações imobiliárias, ou de proprietário em contrato de venda com reserva de domínio. Tais créditos não se submetem aos efeitos da recuperação judicial, prevalecendo os direitos de propriedade sobre a coisa e as condições contratuais originárias, observada a legislação respectiva (art. 49, § 3º). A lei ressalta, contudo, que durante o prazo de suspensão das ações e execuções contra o devedor, decorrentes do processamento da recuperação judicial (art. 6º, § 4º), que é de 180 dias, não poderá haver venda ou retirada desses bens do estabelecimento daquele se forem essenciais à sua atividade empresarial (art. 49, § 3º). Assim, o que se verifica é que as ações e execuções relativas a esses credores não se suspendem, pois eles não integram o plano de recuperação. Todavia, as medidas que visem à venda ou retirada dos bens essenciais à atividade empresarial do devedor em crise não poderão ser tomadas, como uma busca e apreensão de equipamento, por exemplo. Se a ação ou execução depender dessa medida, terá, aí sim, de ficar suspensa pelo prazo de 180 dias a que alude o art. 6º, § 4º. Esse prazo visa a conceder ao devedor tempo hábil para formulação e execução de seu plano de recuperação. Por essa razão, os bens essenciais deverão ser preservados, assegurando uma real superação da crise. Por outro lado, como constitui medida grave e excepcional sobre os direitos dos credores, é este prazo absolutamente improrrogável.

Também não se sujeita aos efeitos da recuperação judicial a importância entregue ao devedor, em moeda corrente nacional, decorrente de adiantamento de contrato de câmbio para exportação, desde que o prazo total da operação, inclusive eventuais prorrogações, não exceda o previsto nas normas específicas da autoridade competente (art. 49, § 4º). O contrato de câmbio está tratado na Lei n. 4.728/65. Nesse contrato, uma instituição financeira antecipa o pagamento à empresa exportadora, entregando, em moeda corrente nacional, os valores que ela receberia do seu importador por ocasião da entrega da mercadoria. A empresa exportadora, assim, obtém capital imediato para financiar sua produção. No momento da entrega efetiva da mercadoria, o importador paga diretamente à instituição financeira. Nos termos da lei, esse tipo de contrato não se sujeita aos efeitos da recuperação judicial do devedor.

Por fim, o art. 49, § 5º, diz que, tratando-se de crédito garantido por penhor sobre títulos de crédito, direitos creditórios, aplicações financeiras ou valores mobiliários, poderão ser substituídas ou renovadas as garantias liquidadas ou vencidas durante a recuperação judicial e, enquanto não o forem, o valor eventualmente recebido em pagamento das garantias permanecerá em conta vinculada durante o período de suspensão de 180 dias tratado no art. 6º, § 4º.

8.4. MEIOS DE RECUPERAÇÃO JUDICIAL

O legislador enumerou um extenso rol de meios de que o devedor poderá lançar mão dentro de seu plano de recuperação judicial. Esses meios, mencionados no art. 50, poderão ser utilizados de forma isolada ou cumulativa. A lista, porém, é exemplificativa, na medida em que o devedor poderá propor outros meios que melhor se adaptem à sua realidade e crise.

O conjunto dos meios propostos pelo devedor constitui o seu plano de recuperação judicial, que deve ser apresentado ao juiz e aprovado pelos credores.

Os meios de recuperação elencados no art. 50 são os seguintes:

I – concessão de prazos e condições especiais para pagamento das obrigações vencidas ou vincendas;

II – cisão, incorporação, fusão ou transformação de sociedade, constituição de subsidiária integral, ou cessão de cotas ou ações, respeitados os direitos dos sócios, nos termos da legislação vigente;

III – alteração do controle societário (com a admissão de novos sócios, ou venda do controle societário, p. ex.);

IV – substituição total ou parcial dos administradores ou modificação de seus órgãos administrativos;

V – concessão aos credores de direito de eleição em separado de administradores e de poder de veto em relação às matérias que o plano especificar;

VI – aumento do capital social (o que significa ingresso de novos recursos);

VII – trespasse (venda) ou arrendamento de estabelecimento, inclusive à sociedade constituída pelos próprios empregados;

VIII – redução salarial, compensação de horários e redução da jornada, mediante acordo ou convenção coletiva;

IX – dação em pagamento ou novação de dívidas do passivo, com ou sem constituição de garantia própria ou de terceiro;

X – constituição de sociedade de credores (que desempenhará a atividade empresarial em crise, assumindo os credores a condição de sócios);

XI – venda parcial de bens (desde que não seja bem essencial à exploração da atividade empresarial);

XII – equalização de encargos financeiros relativos a débitos de qualquer natureza, tendo como termo inicial a data da distribuição do pedido de recuperação judicial, aplicando-se inclusive aos contratos de crédito rural, sem prejuízo do disposto em legislação específica;

XIII – usufruto da empresa (transferência a um terceiro que a explore e consiga obter melhores resultados, ficando com os lucros daí advindos);

XIV – administração compartilhada;

XV – emissão de valores mobiliários (como debêntures, p. ex., para angariar capital);

XVI – constituição de sociedade de propósito específico para adjudicar, em pagamento dos créditos, os ativos do devedor.

Se o plano previr a alienação de bem objeto de garantia real, a supressão da garantia ou sua substituição somente serão admitidas mediante aprovação expressa do credor titular da respectiva garantia (§ 1º).

Nos créditos em moeda estrangeira, a variação cambial será conservada como parâmetro de indexação da correspondente obrigação e só poderá ser afastada se o credor titular do respectivo crédito aprovar expressamente previsão diversa no plano de recuperação judicial (§ 2º).

8.5. DO PEDIDO DE RECUPERAÇÃO JUDICIAL

A petição inicial do devedor, requerendo a recuperação judicial, deverá observar as exigências do art. 51, que serão abaixo transcritas.

Importante frisar, desde já, que nessa petição inicial caberá ao devedor demonstrar ao juiz, por meio de documentos e balanços, a situação real da empresa em crise. Deve ser traçado o quadro econômico, financeiro e patrimonial, bem como sua importância no contexto local, regional ou nacional, volume do ativo e passivo, tempo de existência e grau de modernização, número de empregados, faturamento etc.

Somente diante de uma boa descrição da empresa em crise (sob todos os aspectos relevantes) e da demonstração de sua capacidade de reestruturação é que será possível, tanto ao juiz, quanto aos credores, averiguar se há efetiva possibilidade de sucesso do plano de recuperação.

A petição inicial deverá ser instruída com:

I – exposição das causas concretas da situação patrimonial do devedor e das razões da crise econômico-financeira;

II – demonstrações contábeis relativas aos 3 últimos exercícios sociais e as levantadas especialmente para instruir o pedido, confeccionadas com estrita observância da legislação societária aplicável e composta obrigatoriamente de:

a) balanço patrimonial;
b) demonstração de resultados acumulados;
c) demonstração do resultado desde o último exercício social;
d) relatório gerencial de fluxo de caixa e de sua projeção;

III – relação nominal completa dos credores, inclusive aqueles por obrigação de fazer e dar, com a indicação do endereço de cada um, a natureza, a classificação e o valor atualizado do crédito, discriminando sua origem, o regime dos respectivos vencimentos e a indicação dos registros contábeis de cada transação pendente (de modo que os credores possam, no momento oportuno, apresentar suas habilitações ou divergências, caso discordem da relação exposta). Deve-se aqui lembrar que na recuperação judicial não é exigida a mesma ordem de pagamento dos credores prevista para falência no art. 83, podendo outra ser proposta no plano de recuperação judicial;

IV – relação integral dos empregados, em que constem as respectivas funções, salários, indenizações e outras parcelas a que têm direito, com o correspondente mês de competência, e a discriminação dos valores pendentes de pagamento (incluem-se férias, décimo terceiro salário, licenças etc.);

V – certidão de regularidade do devedor no Registro Público das Empresas, o ato constitutivo e as atas de nomeação dos atuais administradores (contrato ou estatuto social, atas das assembleias de eleição de administradores, tudo com o devido registro na Junta Comercial);

VI – relação dos bens particulares dos sócios controladores e dos administradores do devedor;

VII – extratos atualizados das contas bancárias do devedor e de suas eventuais aplicações financeiras de qualquer modalidade, inclusive em fundos de investimento ou em bolsas de valores, emitidos pelas respectivas instituições financeiras;

VIII – certidões dos cartórios de protestos situados na comarca do domicílio ou sede do devedor e naquelas onde possui filial. Como já mencionado, não importa se a empresa possui certidões positivas de protestos, pois esse fato não obsta à concessão da recuperação judicial, de modo que a juntada das certidões serve apenas de parâmetro para aferição de sua real situação econômico-financeira;

IX – relação, subscrita pelo devedor, de todas as ações judiciais em que este figure como parte, inclusive as de natureza trabalhista, com a estimativa dos respectivos valores demandados.

Os documentos de escrituração contábil da empresa (Livro Diário, Livro de Registro de Duplicatas, p. ex.) e demais relatórios auxiliares permanecerão à disposição do juízo, do administrador judicial e, mediante autorização judicial, de qualquer interessado (art. 51, § 1º). O juiz, inclusive, pode determinar que esses livros e demais documentos sejam depositados em cartório (no original ou em cópias).

Após a distribuição do pedido de recuperação judicial, o devedor não poderá alienar ou onerar bens ou direitos de seu ativo permanente, salvo se houver evidente utilidade reconhecida pelo juiz, depois de ouvido o Comitê, com exceção daqueles previamente relacionados no plano de recuperação judicial (art. 66).

8.6. DO PROCESSAMENTO DA RECUPERAÇÃO JUDICIAL

Distribuída a petição inicial com o pedido de recuperação judicial pelo devedor legitimado, e estando em termos a documentação exigida, o juiz deferirá o processamento da recuperação judicial (art. 52). Há, porém, que se esclarecer que esse despacho do juiz – determinando o processamento da recuperação judicial – não se confunde com a sua efetiva concessão, decisão que somente será tomada após a aprovação do plano de recuperação pela assembleia geral dos credores. O despacho de processamento serve apenas para autorizar o prosseguimento do feito para que as demais fases mencionadas na lei possam ser realizadas.

Se o devedor, ao distribuir o pedido de recuperação judicial, não demonstrar sua legitimidade, ou não apresentar a documentação exigida, terá o processamento do pedido indeferido e, consequentemente, o processo será extinto. Nada obsta, entretanto, que ingresse novamente com outro pedido, sanando as falhas antes constatadas.

No despacho que determina o processamento da recuperação judicial (art. 52), o juiz: **a)** nomeará o administrador judicial, a quem incumbirá fiscalizar as atividades do devedor, assim como o cumprimento do plano de recuperação judicial; **b)** determinará a dispensa da apresentação de certidões negativas para que o devedor exerça suas atividades, exceto para contratação com o Poder Público ou para recebimento de benefícios ou incentivos fiscais ou creditícios, observando que, uma vez concedido o benefício, o nome empresarial, sempre que utilizado em atos ou contratos, deverá trazer a expressão "em Recuperação Judicial"; **c)** ordenará a suspensão de todas as ações ou execuções contra o devedor, na forma do art. 6º, § 4º, pelo prazo improrrogável de 180 dias, permanecendo os respectivos autos no juízo onde se processam, ressalvadas as ações que demandam quantia ilíquida, as de natureza trabalhista e as execuções fiscais, assim como aquelas previstas no art. 49, §§ 3º e 4º (ver item 7.2). Nesse caso, cabe ao devedor comunicar a suspensão aos juízos competentes; **d)** determinará ao devedor a apresentação de contas demonstrativas mensais enquanto perdurar a recuperação judicial, se concedida, sob pena de destituição de seus administradores; **e)** ordenará a intimação do Ministério Público e a comunicação por carta às Fazendas Públicas Federal e de todos os Estados e Municípios em que o devedor tiver estabelecimento.

O art. 52, § 1º, determina que o juiz também ordenará a expedição de edital, para publicação no órgão oficial, que conterá: **a)** o resumo do pedido do devedor e da decisão que deferiu o processamento da recuperação judicial; b) a relação nominal de credores, em que se discrimine o valor atualizado e a classificação de cada crédito; c) a advertência acerca dos prazos para habilitação de créditos, nos termos do art. 7º, § 1º (os credores têm prazo de 15 dias para apresentar ao administrador judicial habilitações de créditos não mencionados no edital, ou divergências quanto aos créditos relacionados); d) advertência acerca do prazo para que os credores apresentem objeção ao plano de recuperação judicial apresentado pelo devedor (prazo este, todavia, que só começará a correr em momento posterior, conforme será estudado).

Deferido o processamento da recuperação judicial, os credores que representem no mínimo 25% do valor total dos créditos de determinada classe poderão, a qualquer tempo, requerer a convocação de assembleia geral para a constituição do Comitê de Credores ou a substituição de seus membros (art. 52, § 2º).

O devedor não poderá desistir do pedido de recuperação judicial após o deferimento de seu processamento, salvo se obtiver aprovação da desistência na assembleia geral de credores (art. 52, § 4º).

8.7. DO PLANO DE RECUPERAÇÃO JUDICIAL

O plano de recuperação deve ser apresentado pelo devedor ao juízo no prazo improrrogável de 60 dias a contar da publicação da decisão que deferiu o seu processamento, sob pena de convolação em falência (art. 53, *caput*).

Como ressaltado anteriormente, o plano poderá ser baseado em algumas das providências elencadas no art. 50, assim como em outras medidas que o devedor entender adequadas à realidade de sua empresa e necessárias à superação de seu estado de crise. Imprescindível é que seja viável e que, uma vez aprovado, seja cumprido.

O plano apresentado pelo devedor deverá conter:

1) A discriminação pormenorizada dos meios de recuperação a serem empregados, como, por exemplo, novas formas e prazos de pagamento, substituição de garantias, emissão de valores mobiliários, aumento do capital social etc. Independentemente de quais sejam as

medidas escolhidas pelo devedor, deverão estar devidamente descritas e especializadas.

2) Demonstração de sua viabilidade econômica. Caberá ao devedor discorrer acerca das consequências da adoção do plano e do resultado econômico disso decorrentes.

3) Laudo econômico-financeiro e de avaliação dos bens e ativos da empresa, subscrito por profissional legalmente habilitado ou por empresa especializada.

O plano não poderá prever prazo superior a um ano para pagamento dos créditos derivados da legislação do trabalho ou decorrentes de acidente de trabalho vencidos até a data do pedido de recuperação judicial. Não poderá prever, ainda, prazo superior a 30 dias para pagamento, até o limite de 5 salários mínimos por trabalhador, dos créditos de natureza salarial vencidos nos 3 meses anteriores ao pedido de recuperação judicial (art. 54). Como visto anteriormente, o art. 50, VIII, relaciona como medida possível a ser adotada em plano de recuperação judicial a redução salarial, compensação de horários e redução da jornada, mediante acordo ou convenção coletiva. Essas medidas poderão efetivamente ser adotadas, desde que o plano respeite os limites impostos no art. 54.

O plano de recuperação judicial implica novação dos créditos anteriores ao pedido e obriga o devedor e todos os credores a ele sujeitos, sem prejuízo das garantias, que poderão ser suprimidas ou substituídas, desde que haja concordância expressa do credor correspondente (art. 59). Dessa maneira, ressalvadas as exceções traçadas acima no que tange aos créditos decorrentes da relação trabalhista, bem como os relativos a acidentes de trabalho, todos os demais créditos sujeitos à recuperação judicial poderão ter suas condições, valores e prazos alterados pelo plano. Importante destacar que, ainda que o credor tenha sido contrário à aprovação do plano, ficará a ele sujeito, caso venha a ser judicialmente deferido.

Somente haverá alteração das condições, isto é, novação das obrigações do devedor, se não houver convolação da recuperação em falência, pois, nesse caso, os créditos retornarão às condições originariamente contratadas, como se o plano nunca tivesse existido (art. 61, § 2º).

Se o plano de recuperação judicial, uma vez aprovado, envolver alienação judicial de filiais ou de unidades produtivas isoladas do devedor, o juiz ordenará a sua realização, que poderá efetivar-se por meio de leilão, propostas fechadas ou pregão, de acordo com as regras estabelecidas no art. 142. Importante destacar que o objeto de referida alienação estará livre de qualquer ônus, não havendo sucessão do arrematante nas obrigações do devedor, inclusive as de natureza tributária. Ora, se os eventuais interessados não tivessem garantia legal de que não sucederiam o devedor em suas dívidas, ninguém se habilitaria a adquirir as unidades, e o plano de recuperação restaria inviabilizado. Por isso, os empregados do devedor contratados pelo arrematante serão admitidos mediante novos contratos de trabalho, não respondendo o arrematante, portanto, por obrigações decorrentes do contrato anterior.

8.8. DO PROCEDIMENTO DE RECUPERAÇÃO JUDICIAL

8.8.1. DAS OBJEÇÕES AO PLANO

Ao deferir o processamento da recuperação judicial, o juiz determina a publicação de edital, pela imprensa oficial, contendo o teor da decisão, bem como a relação dos credores apresentada pelo devedor com a petição inicial. A partir dessa publicação alguns prazos começam a correr:

a) de 60 dias para o devedor apresentar seu plano de recuperação, sob pena de convolação em falência;

b) de 15 dias para que credores apresentem divergência quanto à relação publicada ou para que habilitem seus créditos (caso, p. ex., não constem da relação). Após o término desse prazo, se tiverem sido apresentadas divergências ou habilitações, o administrador judicial terá 45 dias para decidir e apresentar nova relação de credores, que será também publicada (art. 7º, § 2º).

Dependendo das circunstâncias de cada caso, pode variar o último desses prazos a se encerrar, pois isso dependerá de diversos fatores, como, por exemplo, o tempo usado pelo devedor para apresentar o plano (60 dias é o prazo máximo, mas ele pode fazê-lo antes disso), a existência ou não de apresentação de divergência ou de habilitação por credores, o tempo que o administrador utilizará para apresentar a

nova relação de credores etc. Em razão disso, o legislador resolveu estabelecer que o prazo de 30 dias para os credores apresentarem objeções ao plano de recuperação começará a correr:
a) da publicação do aviso aos credores acerca do recebimento do plano em juízo, se já havia sido publicada a relação de credores por parte do administrador nos termos do art. 7º, § 2º;
b) da publicação dessa relação de credores pelo administrador, se ela ocorrer após a publicação do aviso de apresentação do plano. É que, nesse caso, o administrador pode ter incluído ou excluído credores – em relação à lista inicialmente apresentada pelo devedor –, e isso interfere na legitimidade para oferecer objeção.

Se não for apresentada nenhuma objeção no prazo de 30 dias, o juiz concederá a recuperação, se o restante da documentação exigida estiver em ordem.

Na hipótese, todavia, de alguma objeção ter sido apresentada, o juiz deverá convocar a assembleia geral de credores para deliberar sobre o plano. A data designada para a realização da assembleia não excederá 150 dias, contados do deferimento do processamento da recuperação judicial.

8.8.2. DA VOTAÇÃO NA ASSEMBLEIA GERAL

O art. 45 da lei regulamenta a forma de deliberação para a aprovação do plano.

Como é sabido, os credores são divididos em três classes:
a) titulares de créditos derivados da legislação trabalhista ou decorrentes de acidente do trabalho (classe 1);
b) titulares de crédito com garantia real (classe 2);
c) titulares de créditos quirografários, com privilégio especial, com privilégio geral ou subordinados (classe 3).

O plano deve obter votação favorável nas três classes.

Na primeira (classe 1), a proposta deverá ser aprovada pela maioria simples dos credores presentes, independentemente do valor de seus créditos.

Nas demais, o plano deverá ser aprovado por credores que representem mais da metade do valor total dos créditos presentes à assembleia e, cumulativamente, pela maioria simples dos credores presentes.

Há de se lembrar, porém, que os titulares de crédito com garantia real votam com a classe 2 até o limite do valor do bem gravado, e com a classe 3 pelo restante do valor do seu crédito.

O art. 45, § 3º, por sua vez, dispõe que o credor não terá direito a voto e não será considerado para fins de verificação de *quorum* de deliberação se o plano de recuperação judicial não alterar o valor ou as condições originais de pagamento de seu crédito.

Se forem atingidos os índices acima mencionados, o plano é considerado aprovado na assembleia. Se não forem atingidos, existe a possibilidade de o juiz conceder a recuperação, desde que se mostrem presentes os requisitos do art. 58, § 1º, da lei, que regulamentam uma forma alternativa de aprovação do plano. De acordo com esse dispositivo, o juiz pode conceder a recuperação judicial com base em plano que não obteve a aprovação na forma do art. 45 anteriormente estudado, desde que, na mesma assembleia, tenha obtido cumulativamente:

1) o voto favorável de credores que representem mais da metade do valor de todos os créditos presentes à assembleia, independentemente de classes;

2) aprovação de duas classes de credores de acordo com as regras do art. 45, ou, caso haja apenas duas classes com credores votantes, a aprovação de pelo menos uma delas;

3) voto favorável de pelo menos 1/3 dos credores na classe que houver rejeitado o plano, também computados na forma do art. 45.

Essa forma de aprovação alternativa, todavia, somente será admitida se o plano não implicar tratamento diferenciado entre os credores da classe que o tenha rejeitado (art. 58, § 2º).

É de ver, dessa forma, que a lei admite três tipos de desfecho na assembleia geral de credores:

a) aprovação do plano, nos termos propostos pelo devedor;

b) aprovação do plano com alterações propostas pelos credores com a anuência do devedor, e em termos que não impliquem diminuição dos direitos exclusivamente dos credores ausentes (art. 56, § 3º);

c) rejeição do plano. Nessa hipótese o juiz está obrigado a decretar a falência do devedor (art. 56, § 4º). Por isso, é evidente que quase sempre a tendência dos credores é a de aprovar o plano, pois a recusa implicará decretação da falência, hipótese em que o recebimento do crédito geralmente é mais difícil do que na recuperação judicial.

8.8.3. JUNTADA DE CERTIDÃO NEGATIVA TRIBUTÁRIA

Havendo aprovação do plano de recuperação judicial pela assembleia geral ou transcorrido o prazo de 30 dias sem a apresentação de objeção ao plano por qualquer credor, o devedor será intimado para apresentar certidões negativas de débitos tributários (art. 57).

A concessão de recuperação judicial depende, portanto, da apresentação de prova de quitação dos tributos devidos, observadas as disposições pertinentes do Código Tributário Nacional (arts. 151, 205 e 206).

O deferimento da recuperação judicial também é possível se o devedor tiver feito acordo e obtido o parcelamento dos débitos tributários. O próprio art. 68 dispõe que as Fazendas Públicas e o Instituto Nacional do Seguro Social (INSS) poderão deferir, nos termos da legislação específica, parcelamento de seus créditos, em sede de recuperação judicial, de acordo com os parâmetros estabelecidos pelo CTN.

Se o devedor não apresentar essas certidões dentro do prazo, o juiz indeferirá a recuperação, e as partes retornarão ao estado anterior.

8.8.4. DEFERIMENTO DA RECUPERAÇÃO

Apresentadas as certidões negativas e tendo havido aprovação do plano na assembleia (ou não tendo havido votação por falta de objeção de credores), o juiz proferirá decisão concedendo a recuperação (art. 58, *caput*). Contra essa decisão cabe recurso de agravo de instrumento, que poderá ser interposto por qualquer credor ou pelo Ministério Público (art. 58, § 2º).

A decisão que concede a recuperação constitui título executivo judicial, nos termos do art. 475-N, III, do CPC. Assim, se no plano ficou estabelecido que o credor X receberia na data Y o valor W e isso não ocorreu, poderá ele ingressar com execução individual específica de seu crédito, ou pedir a falência do devedor, com base no art. 94.

Proferida a decisão, deverá o juiz determinar ao Registro Público das Empresas a anotação da recuperação judicial no registro correspondente. Ademais, em todos os atos, contratos e documentos firmados pelo devedor deverá ser acrescida, após o nome empresarial, a expressão "em Recuperação Judicial" (art. 69). Tais medidas visam a dar publicidade à situação do devedor, de modo que ninguém que com ele contrate possa alegar desconhecimento do fato.

Observação: De acordo com a Súmula 480 do Superior Tribunal de Justiça, "o juízo da recuperação judicial não é competente para decidir sobre a constrição de bens não abrangidos pelo plano de recuperação da empresa".

8.8.5. ADMINISTRAÇÃO DA EMPRESA DURANTE A RECUPERAÇÃO

Durante o procedimento de recuperação judicial, o devedor ou seus administradores serão mantidos na condução da atividade empresarial, sob fiscalização do Comitê, se houver, e do administrador judicial, salvo se (art. 64):

a) houver sido condenado em sentença penal transitada em julgado por crime cometido em recuperação judicial ou falência anteriores ou por crime contra o patrimônio, a economia popular ou a ordem econômica previstos na legislação vigente;
b) houver indícios veementes de ter cometido crime previsto na lei;
c) houver agido com dolo, simulação ou fraude contra os interesses de seus credores;
d) houver efetuado gastos pessoais manifestamente excessivos em relação à sua situação patrimonial; efetuado despesas injustificáveis por sua natureza ou vulto, em relação ao capital ou gênero do negócio, ao movimento das operações e a outras circunstâncias análogas; descapitalizado injustificadamente a empresa ou realizado operações prejudiciais ao seu funcionamento regular; simulado ou omitido créditos ao apresentar a relação de credores constante da petição inicial do pedido de recuperação judicial, sem relevante razão de direito ou amparo de decisão judicial;
e) negar-se a prestar informações solicitadas pelo administrador judicial ou pelos demais membros do Comitê;
f) tiver seu afastamento previsto no plano de recuperação judicial.

Se verificada uma dessas condutas em relação a administrador da empresa, o juiz o destituirá. A substituição será feita na forma prevista nos atos constitutivos da empresa ou no plano de recuperação judicial.

Se o afastamento for do próprio devedor, o juiz convocará assembleia geral de credores para deliberar sobre o nome do gestor judicial que assumirá a administração das atividades do devedor, aplicando-se-lhe, no que couber, todas as normas sobre deveres, impedimentos e remuneração do administrador judicial (art. 65). O gestor judicial torna-se o representante legal da empresa e deve conduzir suas atividades empresariais.

Enquanto a assembleia geral não escolher o gestor, será o administrador judicial o responsável por exercer essa função (art. 65, § 1º).

8.9. ENCERRAMENTO DA RECUPERAÇÃO JUDICIAL

Concedida a recuperação judicial, o devedor permanece nessa situação até que se cumpram todas as obrigações previstas no plano que se vencerem nos 2 anos seguintes. Se, durante esse período, houver descumprimento de qualquer dessas obrigações, haverá convolação da recuperação em falência (art. 61, § 1º).

Além disso, diz o art. 62 que, se o plano contiver obrigações a serem cumpridas após o prazo de 2 anos da concessão da recuperação, o descumprimento trará ao credor o direito de requerer a sua execução específica ou falência da empresa com base no art. 94.

Por outro lado, se, passados os 2 anos, forem cumpridas as obrigações vencidas dentro desse prazo, o juiz decretará por sentença o encerramento da recuperação judicial e determinará (art. 63):

I – o pagamento do saldo de honorários ao administrador judicial, somente podendo efetuar a quitação dessas obrigações mediante prestação de contas, no prazo de 30 dias, e a aprovação do relatório circunstanciado previsto no inciso III;

II – a apuração do saldo das custas judiciais a serem recolhidas;

III – a apresentação de relatório circunstanciado pelo administrador judicial, no prazo de 15 dias, versando sobre a execução do plano de recuperação pelo devedor;

IV – a dissolução do Comitê de Credores e a exoneração do administrador judicial;

V – a comunicação ao Registro Público das Empresas (Junta Comercial) para as providências cabíveis, como, por exemplo, para que deixe de constar que se trata de empresa em regime de recuperação judicial.

Nota-se, portanto, que duas hipóteses podem ocorrer:

1) se durante o prazo de 2 anos da recuperação judicial houver descumprimento de qualquer obrigação prevista no plano, haverá a convolação em falência;

2) passados os 2 anos e sendo cumprido todo o plano, é decretado o encerramento da recuperação judicial por sentença.

8.10. DA CONVOLAÇÃO DA RECUPERAÇÃO JUDICIAL EM FALÊNCIA

Ao longo do estudo da recuperação judicial, foram mencionadas as hipóteses em que o juiz deve determinar sua convolação (conversão) em falência. Essas hipóteses estão expressamente mencionadas no art. 73:

1) por deliberação da assembleia geral de credores;

2) pela não apresentação, pelo devedor, do plano de recuperação judicial no prazo de 60 dias contado da publicação da decisão que deferir o processamento da recuperação judicial;

3) pela rejeição da assembleia geral de credores do plano de recuperação apresentado pelo devedor;

4) por descumprimento de qualquer obrigação assumida no plano de recuperação, durante o período de 2 anos em que o devedor permanecer naquela condição.

Independentemente dessas hipóteses, nada obsta a que haja pedido autônomo de falência por inadimplemento de obrigação não sujeita à recuperação judicial, nos termos do art. 94, I ou II, ou por prática de ato de falência, nos termos do art. 94, III.

Decretada a falência, os credores até então sujeitos à recuperação judicial terão reconstituídos seus direitos e garantias nas condições originalmente contratadas, deduzidos os valores eventualmente pagos e ressalvados os atos validamente praticados no âmbito da recuperação. Em outras palavras, os créditos voltam ao *status quo ante*, retomando suas condições originais, anteriores ao estabelecimento do plano de recuperação judicial. Cada qual será enquadrado na respectiva classe no quadro-geral de credores, de acordo com a ordem de preferência existente no art. 83 da lei.

Por sua vez, decretada a falência, os créditos decorrentes de obrigações contraídas pelo devedor durante a recuperação judicial, inclusive aqueles relativos a despesas com fornecedores de bens ou serviços e contratos de mútuo, serão considerados extraconcursais (art. 67), ou seja, serão pagos antes de todos os outros que integram o quadro-geral elaborado com base no mencionado art. 83. Nada mais justo, pois acreditaram na superação da crise pela empresa e auxiliaram-na na execução do plano, já que com ela contrataram, fornecendo capital de giro e/ou insumos para que a atividade empresarial prosseguisse.

Já os créditos quirografários sujeitos à recuperação judicial pertencentes a fornecedores de bens ou serviços que continuarem a provê-los normalmente após o pedido de recuperação judicial serão reclassificados para a classe dos credores com privilégio geral, no limite do valor dos bens ou serviços fornecidos durante o período da recuperação (art. 67, parágrafo único). Em suma, esses créditos, que eram originariamente quirografários, sobem uma classe na ordem de preferência de pagamento, passando a ser classificados como créditos com privilégio geral, porque esses credores continuaram com o fornecimento.

Ocorrendo convolação da recuperação judicial em falência, os atos de administração, endividamento, oneração ou alienação praticados durante a recuperação judicial presumem-se válidos, desde que realizados sob o crivo da lei (art. 74).

8.11. DO PLANO DE RECUPERAÇÃO JUDICIAL PARA MICROEMPRESAS E EMPRESAS DE PEQUENO PORTE

O art. 70 da Lei de Falências prevê a possibilidade de microempresários e empresários de pequeno porte, assim definidos na Lei Complementar n. 123/2006, apresentarem plano especial de recuperação judicial. Trata-se, contudo, de mera faculdade, pois nada impede que esses empresários optem pelo plano normal de recuperação que já foi anteriormente analisado.

Nos termos do art. 3º, I, da Lei Complementar n. 123/2006, com a redação que lhe foi dada pela Lei Complementar n. 139/2011, considera-se microempresa a sociedade empresária, a sociedade simples, a empresa individual de responsabilidade limitada e o empresário a que se refere o art. 966 do Código Civil, devidamente registrado no Registro de Empresas Mercantis ou no Registro Civil de Pessoas Jurídicas, conforme o caso, desde que aufira, em cada ano-calendário, receita bruta igual ou inferior a R$ 360.000,00 (trezentos e sessenta mil reais). Já o inciso II desse artigo dispõe que são consideradas empresas de pequeno porte as mesmas mencionadas no inciso anterior que aufiram, em cada ano-calendário, receita bruta superior a R$ 360.000,00 (trezentos e sessenta mil reais) e igual ou inferior a R$ 3.600.000,00 (três milhões e seiscentos mil reais).

O plano especial é mais fácil de ser obtido porque não depende de aprovação em assembleia de credores, porém é mais restrito, atingindo apenas os créditos quirografários. Existem, ainda, outras peculiaridades.

O microempresário ou empresário de pequeno porte que queira apresentar o plano especial deverá expressamente declarar na petição inicial que tem a intenção de fazê-lo. Essa petição deverá estar acompanhada de todos os documentos exigidos em relação às demais empresas que pleiteiam recuperação judicial, e que estão elencados no art. 51.

O plano especial de recuperação judicial será apresentado no prazo de 60 dias, contado da publicação da decisão que deferir o processamento da recuperação, e limitar-se-á às seguintes condições (art. 71):

I – abrangerá exclusivamente os créditos quirografários, excetuados os decorrentes de repasse de recursos oficiais e os previstos nos §§ 3º e 4º do art. 49;

II – preverá parcelamento em até 36 parcelas mensais, iguais e sucessivas, corrigidas monetariamente e acrescidas de juros de 12% ao ano;

III – preverá o pagamento da 1ª parcela no prazo máximo de 180 dias, contado da distribuição do pedido de recuperação;

IV – estabelecerá a necessidade de autorização do juiz, após ouvido o administrador judicial e o Comitê de Credores, para o devedor aumentar despesas ou contratar empregados.

Existem outras regras específicas e de grande relevância em relação ao plano especial que devem ser mencionadas:

a) não acarreta a suspensão do curso da prescrição nem das ações e execuções por créditos não abrangidos pelo plano (art. 71, parágrafo único);

b) é concedida pelo juiz se atendidas as exigências legais, independentemente de convocação de assembleia geral de credores para deliberação em torno do plano (art. 72, *caput*); apesar de não haver convocação específica para tal fim, é possível que os credores tomem a iniciativa de se reunir e, caso haja objeção de mais da metade dos credores titulares de créditos quirografários, o juiz julgará improcedente o pedido e decretará a falência (art. 72, parágrafo único);
c) os credores não atingidos pelo plano especial não terão seus créditos habilitados na recuperação judicial (art. 70, § 2º).

No mais, seguem-se as regras da recuperação judicial comum.

Quadro sinótico – Recuperação judicial

Conceito	Instituto criado pela nova lei que busca viabilizar a reestruturação da empresa em crise sob o crivo jurisdicional. Características: – plano de reestruturação com diversas medidas de ordem financeira, jurídica, econômica e comercial; – intensa participação e fiscalização dos credores.
Legitimidade	Podem requerer a recuperação: – o empresário individual, a empresa individual de responsabilidade limitada e a sociedade empresária; – o cônjuge sobrevivente, seus herdeiros ou o inventariante; – o sócio remanescente de sociedade empresária. Requisitos: – exercer regularmente suas atividades há mais de 2 anos; – não ser falido; – não ter, há menos de 5 anos, obtido concessão de recuperação judicial; – não ter, há menos de 8 anos, obtido a concessão de recuperação judicial com base no plano especial previsto para microempresas e empresas de pequeno porte exposto (arts. 70 a 72); – não ter sido condenado ou não ter, como administrador ou sócio controlador, pessoa condenada por qualquer dos crimes previstos na lei.

Créditos sujeitos à recuperação judicial	Todos os créditos existentes na data do pedido, ainda que não vencidos (art. 49, *caput*). Todos os casos excepcionais estão elencados no mesmo artigo.
Meios de recuperação judicial	Todos os meios de recuperação judicial estão elencados no art. 50.
Pedido de recuperação judicial	Procede-se mediante petição inicial demonstrando ao juiz a real situação da empresa em crise, observando as exigências do art. 51.
Processamento da recuperação judicial	Se tiverem sido apresentados os documentos necessários e presentes os requisitos legais, o juiz defere o processamento da recuperação (prosseguimento do procedimento judicial), determinando, no mesmo ato: **a)** Dispensa da apresentação de certidões negativas para que o devedor exerça suas atividades. **b)** Suspensão de todas as ações ou execuções contra o devedor, na forma do art. 6º, § 4º, pelo prazo improrrogável de 180 dias. **c)** Apresentação de contas demonstrativas mensais pelo devedor. **d)** Intimação do Ministério Público e a comunicação por carta às Fazendas Públicas, Federal e de todos os Estados e Municípios em que o devedor tiver estabelecimento. Observação: a aprovação final do plano de recuperação é decidida pelos credores, em assembleia geral.
Plano de recuperação judicial	Prazo para apresentação – 60 dias a contar da publicação da decisão que deferiu o seu processamento, sob pena de convolação em falência (art. 53, *caput*). Conteúdo do plano: – Discriminação pormenorizada dos meios de recuperação a serem empregados. – Demonstração de sua viabilidade econômica. – Laudo econômico-financeiro e de avaliação dos bens e ativos da empresa.

Objeções ao plano	Qualquer credor pode apresentar objeção ao plano apresentado. O prazo para a apresentação é de 30 dias a contar do que tiver ocorrido por último: publicação de aviso aos credores acerca do recebimento do plano de recuperação em juízo ou da publicação da relação de credores pelo administrador judicial. Se não for apresentada qualquer objeção e a documentação estiver em ordem, o juiz concederá a recuperação.
Da votação na assembleia geral	Caso algum credor tenha oposto objeção, o juiz deverá convocar assembleia geral de credores para deliberar sobre o plano. A aprovação do plano pressupõe a aprovação por todas as classes de credores, de acordo com as regras do art. 45 da lei. Classe 1 – titulares de créditos derivados da legislação trabalhista ou decorrentes de acidente do trabalho. Classe 2 – titulares de crédito com garantia real. Classe 3 – titulares de créditos quirografários, com privilégio especial, com privilégio geral ou subordinados.
Possíveis decisões decorrentes da assembleia geral de credores	– Aprovação do plano, nos termos propostos pelo devedor. – Aprovação do plano com alterações propostas pelos credores com a anuência do devedor (art. 56, § 3º). – Rejeição do plano e decretação da falência do devedor (art. 56, § 4º).
Deferimento da recuperação	Se o plano tiver sido aprovado pela assembleia, o devedor será intimado para apresentar certidões negativas tributárias dentro de 30 dias. Caso as apresente, o juiz deferirá a recuperação. Contra essa decisão, cabe agravo de instrumento a ser interposto por qualquer credor ou pelo Ministério Público (art. 58, § 2º). A decisão que concede a recuperação constitui título executivo judicial (art. 475-N, III, do CPC).
Encerramento da recuperação judicial	Se durante o prazo de dois anos da recuperação for descumprida qualquer condição do plano, haverá convolação em falência. Se forem cumpridas todas as condições, será decretado, por sentença, o encerramento do plano.

Convolação da recuperação judicial em falência	A Convolação pode ocorrer (art. 73): a) por deliberação da assembleia geral de credores; b) pela não apresentação do plano de recuperação judicial pelo devedor; c) pela rejeição do plano de recuperação; d) por descumprimento de qualquer obrigação assumida no plano de recuperação (período de 2 anos).
Plano de recuperação judicial para microempresas e empresas de pequeno porte	Microempresa: sociedade empresária, sociedade simples, empresa individual de responsabilidade limitada e empresário a que se refere o art. 966 do Código Civil, devidamente registrados no Registro de Empresas Mercantis ou no Registro Civil de Pessoas Jurídicas, conforme o caso, que aufira, em cada ano-calendário, receita bruta igual ou inferior a R$ 360.000,00. Empresa de pequeno porte: sociedade empresária, sociedade simples, empresa individual de responsabilidade limitada e empresário a que se refere o art. 966 do Código Civil, devidamente registrados no Registro de Empresas Mercantis ou no Registro Civil de Pessoas Jurídicas, conforme o caso, que aufira, em cada ano-calendário, receita bruta superior a R$ 360.000,00 e igual ou inferior a R$ 3.600.000,00.
	Características do plano especial: a) não acarreta a suspensão do curso da prescrição nem das ações e execuções por créditos não abrangidos pelo plano (art. 71, parágrafo único); b) é concedida pelo juiz se atendidas as exigências legais, independentemente de convocação de assembleia geral de credores para deliberação em torno do plano (art. 72, *caput*); c) os credores não atingidos pelo plano especial não terão seus créditos habilitados na recuperação judicial (art. 70, § 2º).

9 DA RECUPERAÇÃO EXTRAJUDICIAL

Esse instituto é a grande novidade da Lei n. 11.101/2005, pois não existia algo similar na legislação anterior. Com base nele, o devedor em crise não precisa, necessariamente, buscar a recuperação judicial, podendo reunir-se com seus credores e tentar com eles um entendimento, traçando um plano com a alteração das condições dos créditos envolvidos. Essa reunião do devedor com seus credores visando à renegociação das dívidas, diferentemente do que dispunha a antiga lei falimentar, não implica a prática de ato de falência.

Para conferir credibilidade e eficácia ao acordo firmado entre credores e devedor, a lei prevê a necessidade de homologação judicial, a qual lhe dará força de título executivo, nos termos do art. 475-N, III, do CPC.

A recuperação extrajudicial, portanto, constitui um plano de reorganização de dívidas efetuado previamente pelo devedor com seus credores, e assinado por eles, que é levado ao juízo competente para homologação.

A lei, entretanto, é expressa ao dispor que as regras pertinentes à recuperação extrajudicial não impedem a realização de outras formas de acordo privado entre o devedor e seus credores (art. 167), os quais, todavia, não serão levados à homologação judicial.

Para propor e negociar com seus credores, é necessário que o devedor preencha os requisitos do art. 48 (ver item 8.2). Por sua vez, esclarece o art. 161, § 3º, que o devedor não poderá requerer a homologação do acordo se estiver pendente pedido de recuperação judicial ou se houver obtido recuperação judicial ou homologação de outro plano de recuperação extrajudicial há menos de 2 anos. Com isso, a lei quer evitar que o devedor se beneficie seguidamente, em prejuízo dos credores.

O alcance do instituto da recuperação extrajudicial é limitado pelo texto legal, que estabelece que não podem integrá-lo: a) os créditos de natureza tributária; b) os créditos derivados da legislação do trabalho ou decorrentes de acidente de trabalho; c) os créditos previstos nos arts. 49, § 3º, e 86, II, da lei (credores titulares de direito de propriedade como aquele com posição de proprietário fiduciário de bens móveis ou imóveis, de arrendador mercantil, de proprietário ou promitente vendedor de imóvel cujos respectivos contratos contenham cláusula de irrevogabilidade ou irretratabilidade, inclusive em incorporações imobiliárias, ou de proprietário em contrato de venda com reserva de domínio; e credores por adiantamento de contrato de câmbio para exportação).

Nos créditos em moeda estrangeira, a variação cambial só poderá ser afastada se o credor titular do respectivo crédito aprovar expressamente previsão diversa no plano de recuperação extrajudicial (art. 163, § 5º).

O pedido de homologação do plano de recuperação extrajudicial não acarreta suspensão de direitos, ações ou execuções, nem a impossibilidade do pedido de decretação de falência pelos credores não sujeitos ao plano (art. 161, § 4º).

O plano também não poderá contemplar o pagamento antecipado de dívidas nem tratamento desfavorável aos credores que a ele não estejam sujeitos (art. 161, § 2º).

Prevendo o plano a alienação de bem objeto de garantia real, a supressão desta ou sua substituição somente serão admitidas mediante aprovação expressa do credor titular da respectiva garantia (art. 163, § 4º).

Diferentemente da recuperação judicial em que todos os credores estão submetidos ao plano, ainda que o tenham rejeitado em assembleia, na recuperação extrajudicial o devedor pode selecionar apenas aqueles credores que pretende ver incluídos, que poderão a ele aderir ou rejeitar. Os credores que não forem mencionados no plano evidentemente não estão a ele sujeitos, e, por isso, não sofrerão qualquer alteração nas condições de seu crédito. É claro, portanto, que os credores sujeitos ao plano são aqueles expressamente mencionados no pedido de homologação endereçado ao juiz. A lei, porém, diz que a homologação poderá ser efetivada em duas hipóteses: **a)** se todos os credores cujos nomes constem da petição tiverem assinado o plano (a ele aderindo); **b)** se o plano tiver sido assinado por credores que representem mais de 3/5 de todos os créditos de cada espécie por ele abrangidos. Neste último caso, o plano contém determinado número de credores de certa(s) classe(s) – quirografários, subquirografários etc. –, mas nem todos o assinaram concordando com seus termos.

O juiz, porém, poderá homologá-lo, por conter a assinatura de mais de 3/5 dos credores elencados na petição e, em tal caso, todos os credores dessa classe estarão obrigados, isto é, os credores cujos nomes constem do plano poderão ser obrigados a se sujeitar a ele, mesmo não o tendo assinado – essa regra, porém, só vale em relação aos créditos constituídos até a data do pedido de homologação. Repita-se, porém, que os demais credores – que não foram elencados no plano – não serão por ele afetados.

A lei estabelece requisitos diferenciados para que o juiz homologue a recuperação extrajudicial, dependendo de o devedor ter obtido a assinatura de todos os credores listados no plano ou não. Caso a tenha obtido, o art. 162 diz que basta ao devedor fazer o pedido de homologação, juntando sua justificativa e o documento que contenha seus termos e condições, com as assinaturas dos credores. Se, todavia, a homologação estiver sendo requerida com base na assinatura de mais de 3/5 dos credores de determinada(s) classe(s), e não de todos os listados no plano, o devedor deverá também juntar: **a)** a exposição da situação patrimonial da empresa; **b)** as demonstrações contábeis relativas ao último exercício social e as levantadas especialmente para instruir o pedido, confeccionadas com estrita observância da legislação societária aplicável e composta obrigatoriamente de: balanço patrimonial, demonstração de resultados acumulados, demonstração do resultado desde o último exercício social, relatório gerencial de fluxo de caixa e de sua projeção; **c)** os documentos que comprovem os poderes dos subscritores para novar ou transigir, relação nominal completa dos credores, com a indicação do endereço de cada um, a natureza, a classificação e o valor atualizado do crédito, discriminando sua origem, o regime dos respectivos vencimentos e a indicação dos registros contábeis de cada transação pendente.

Após a distribuição do pedido de homologação, os credores não poderão desistir da adesão ao plano, salvo com a anuência expressa dos demais signatários, incluindo-se o devedor (arts. 161, § 5º, e 162).

Recebido o pedido de homologação do plano de recuperação extrajudicial, independentemente de se tratar do primeiro ou segundo trâmite, conforme estudado acima, o juiz ordenará a publicação de edital no órgão oficial e em jornal de grande circulação nacional ou das localidades da sede e das filiais do devedor, convocando todos os credores para eventual apresentação de impugnação ao plano. No prazo desse edital, deverá o devedor comprovar o envio de carta a todos os credores a ele sujeitos, domiciliados ou sediados no País, informando a distribuição do pedido, as condições do plano e o prazo para impugnação (art. 164, *caput* e § 1º).

Os credores terão 30 dias, contados da publicação do edital, para oferecer suas impugnações, devendo, para tanto, juntar prova de seu crédito.

A lei restringe as matérias que podem ser versadas nas impugnações, quais sejam (art. 164, § 3º):

1) não preenchimento do percentual mínimo de 3/5 dos créditos de cada espécie abrangidos pelo plano;

2) prática de ato de falência, nos termos do art. 94, III, ou ato fraudulento nos termos do art. 130;

3) descumprimento de qualquer requisito legal.

Apresentada a impugnação, abre-se prazo de 5 dias para que o devedor se manifeste sobre ela. Em seguida, os autos serão imediatamente conclusos ao juiz para apreciação, o qual decidirá, também em 5 dias, acerca do plano de recuperação extrajudicial, homologando-o por sentença se entender que não implica prática de ato com intenção de prejudicar credores, ou outra irregularidade que recomende sua rejeição (art. 164, § 5º).

A lei prevê expressamente que o juiz indeferirá o pedido de homologação do plano de recuperação extrajudicial se houver prova de simulação de crédito ou vício de representação dos credores que o subscreveram (art. 164, § 6º). É claro que também haverá indeferimento se o devedor não preencher os requisitos legais mencionados ou não apresentar a documentação exigida. Neste último caso, o devedor poderá apresentar novo pedido juntando a documentação necessária.

Rejeitado o plano, os créditos mantêm as condições originalmente contratadas com o devedor.

Da sentença que homologa ou não o plano cabe apelação sem efeito suspensivo (art. 164, § 7º).

O plano de recuperação extrajudicial somente produzirá efeitos após a sua homologação. É lícito, contudo, que ele estabeleça a produção de efeitos anteriores à homologação, desde que exclusivamente em relação à modificação do valor ou da forma de pagamento dos credores signatários. Nesse caso, se o plano for posteriormente rejeitado pelo juiz, devolve-se aos credores signatários o direito de exigir seus créditos nas condições originais, deduzidos os valores já pagos.

A sentença de homologação do plano de recuperação extrajudicial constitui título executivo judicial, nos termos do art. 475-N, III, do CPC. Assim, não sendo cumpridas suas disposições, poderão os credores buscar a execução específica, ou pedir a falência do devedor, com base no art. 94.

Quadro sinótico – Da recuperação extrajudicial

Da recuperação extrajudicial	Instituto facultativo da nova lei que constitui um plano de reorganização de dívidas, efetuado previamente pelo devedor com seus credores, e assinado por eles, que é levado ao juízo competente para homologação. Não podem integrar o instituto da recuperação extrajudicial: a) os créditos de natureza tributária; b) os créditos derivados da legislação do trabalho ou decorrentes de acidente de trabalho; c) os créditos previstos nos arts. 49, § 3º, e 86, II, da lei. A homologação poderá ser efetivada: a) se todos os credores cujos nomes constem da petição tiverem assinado o plano (a ele aderindo); ou b) se o plano tiver sido assinado por credores que representem mais de 3/5 de todos os créditos de cada espécie por ele abrangidos. Após a distribuição do pedido de homologação, os credores não poderão desistir da adesão ao plano, salvo com a anuência expressa dos demais signatários, incluindo-se o devedor (arts. 161, § 5º, e 162). Os credores têm prazo de 30 dias a contar da publicação do edital referente ao plano para apresentar impugnações a ele. Só podem ser objeto da impugnação, entretanto, as seguintes matérias: 1) não preenchimento do percentual mínimo de 3/5 dos créditos de cada espécie abrangidos pelo plano; 2) prática de ato de falência, nos termos do art. 94, III, ou ato fraudulento nos termos do art. 130; 3) descumprimento de qualquer requisito legal. Se houver impugnação, o devedor terá prazo de 5 dias para se manifestar e, em seguida, o juiz, também em 5 dias, homologará ou indeferirá a recuperação. Contra a decisão proferida, o recurso cabível é o de apelação (art. 164, § 7º).

10 DA FALÊNCIA

10.1. INTRODUÇÃO

No início desta obra já foi esclarecido que a falência é decretada em certas hipóteses em que se denota a insolvência do empresário ou da sociedade empresária. Nesses casos, o devedor é afastado de suas atividades (art. 75) e é nomeado pelo juiz um administrador para gerir os interesses da massa falida. Em tal processo, são vendidos todos os bens da empresa falida e listados os seus credores, que deverão ser pagos seguindo-se a uma ordem de preferência prevista em lei. Aos credores que estejam em classe superior haverá prioridade no pagamento. Àqueles que estejam em uma mesma classe será assegurada a proporcionalidade no pagamento para que todos recebam equitativamente (*par conditio creditorum*). É claro que, em sendo o patrimônio do devedor menor do que as suas dívidas, pode ocorrer de os credores com preferência receberem totalmente seus créditos, e o restante, a ser dividido pelas classes inferiores, ser insuficiente, hipótese em que os credores dessa classe repartirão, proporcionalmente, o valor que sobrar, arcando com o prejuízo em relação ao restante.

Note-se, outrossim, que certos temas, por serem comuns à falência e à recuperação judicial, já foram analisados, como, por exemplo, as funções do administrador judicial e do Comitê de Credores, o procedimento para verificação e habilitação de créditos, a competência universal do juízo falimentar etc. Existem, porém, outros tópicos de grande relevância em relação ao processo falimentar, os quais serão abordados adiante.

10.2. HIPÓTESES DE DECRETAÇÃO DA FALÊNCIA

As situações que justificam a decretação da falência estão expressamente elencadas no art. 94 da lei:

10.2.1. IMPONTUALIDADE INJUSTIFICADA (ART. 94, I)

Nessa hipótese, o devedor, sem relevante razão de direito, não paga, no vencimento, obrigação líquida materializada em título ou títulos executivos protestados cuja soma ultrapasse o equivalente a 40 salários mínimos na data do pedido de falência (art. 94, I).

São requisitos para a decretação da quebra com base nesse dispositivo: **a)** que a obrigação esteja materializada em um título executivo (duplicata, cheque, nota promissória etc.); **b)** que o título tenha sido protestado (para demonstrar a impontualidade); **c)** que o valor supere 40 salários mínimos na data do pedido de falência; **d)** que não haja justa causa para a falta de pagamento.

O art. 94, § 1º, esclarece que vários credores podem reunir-se em litisconsórcio a fim de alcançar o limite mínimo de 40 salários mínimos para o pedido de falência.

O § 3º do art. 94, por sua vez, esclarece que o pedido de falência será instruído com os títulos executivos em que se funda a impontualidade, acompanhados dos respectivos instrumentos de protesto. Aliás, a Súmula 361 do Superior Tribunal de Justiça esclarece que "a notificação do protesto, para requerimento de falência da empresa devedora, exige a identificação da pessoa que a recebeu".

O art. 96 da lei, por outro lado, enumera, exemplificativamente, algumas hipóteses em que a impontualidade não será considerada injustificada, de modo que a falência não deverá ser decretada. É o que ocorre quando o requerido provar falsidade do título, prescrição, nulidade da obrigação representada no título, pagamento da dívida, vício no protesto ou em seu instrumento, ou qualquer outro fato que não legitime a cobrança do título.

10.2.2. FRUSTRAÇÃO DE EXECUÇÃO (ART. 94, II)

Nessa modalidade, o devedor está sofrendo execução individual por qualquer quantia líquida, e não paga ou deposita o valor respectivo, tampouco nomeia bens suficientes à penhora dentro do prazo legal (art. 94, II).

A execução pode ter-se embasado em título judicial ou extrajudicial. Não existe a necessidade de o valor ser superior a 40 salários mínimos.

A falência não é decretada nos autos em que se processa a execução individual. Com efeito, frustrada a execução, o exequente deve-se munir de certidão judicial demonstrando que o executado não pagou nem depositou os valores devidos, tampouco nomeou bens à penhora, e, em seguida, formalizar requerimento de falência no juízo competente. É o que determina o art. 94, § 4º, da lei.

É evidente que um credor que tem um título de crédito em seu poder – que não tenha sido pago no vencimento, e cujo valor seja superior a 40 salários mínimos – possui a opção de requerer imediatamente a falência com fundamento no art. 94, I, ou, antes disso, tentar promover uma execução individual, e, caso esta seja frustrada, aí então promover o pedido de falência. Se, todavia, o valor não for superior a 40 salários mínimos, a única opção do credor é a do art. 94, II.

10.2.3. PRÁTICA DE ATO DE FALÊNCIA (ART. 94, III)

Atos de falência são aqueles normalmente praticados por devedor insolvente. O art. 94, III, da Lei de Falências dispõe que comete ato de falência e fica sujeito à sua decretação o devedor que:

a) procede à liquidação precipitada de seus ativos, ou lança mão de meio ruinoso ou fraudulento para realizar pagamentos;

b) realiza, ou, por atos inequívocos, tenta realizar, com o objetivo de retardar pagamentos ou fraudar credores, negócio simulado ou alienação de parte ou da totalidade de seu ativo a terceiro, credor ou não;

c) transfere estabelecimento a terceiro, credor ou não, sem o consentimento de todos os credores e sem ficar com bens suficientes para solver seu passivo;

d) simula a transferência de seu principal estabelecimento com o objetivo de burlar a legislação ou a fiscalização ou para prejudicar credor;

e) dá ou reforça garantia a credor por dívida contraída anteriormente sem ficar com bens livres e desembaraçados suficientes para saldar seu passivo. Observação: se o crédito já havia sido concedido, não faz sentido o devedor dispor-se a conceder ou reforçar garantia em relação a essa dívida;

f) ausenta-se sem deixar representante habilitado e com recursos suficientes para pagar os credores, abandona estabelecimento ou tenta ocultar-se de seu domicílio, do local de sua sede ou de seu principal estabelecimento;

g) deixa de cumprir, no prazo estabelecido, obrigação assumida no plano de recuperação judicial.

Nas hipóteses em que o pedido se baseia em ato de falência, a petição inicial deve descrever os fatos que o caracterizam, juntando-se as provas que houver e especificando-se as que serão produzidas.

Observe-se, outrossim, que o próprio art. 94, III, esclarece que os atos mencionados não serão considerados atos de falência quando integrarem plano de recuperação judicial da empresa.

10.3. SUJEITO ATIVO DA FALÊNCIA

Estabelece o art. 97 que a falência pode ser requerida:

I – pelo próprio devedor. Nesse caso, estamos diante da chamada autofalência, que possui rito próprio, descrito nos arts. 105 a 107 da lei, e que se diferencia das demais hipóteses por não haver citação do devedor para apresentação de defesa, na medida em que ele é o requerente da falência. É pleiteada quando o próprio devedor verifica seu estado de insolvência. Não há, contudo, previsão legal de sanção a ser aplicada ao devedor que, ciente de seu estado de insolvência, deixa de requerer a autofalência, tratando-se, por isso, de mera faculdade;

II – pelo cônjuge sobrevivente, qualquer herdeiro do devedor ou ainda pelo inventariante. É possível, pois, que um único herdeiro requeira a falência, ainda que os demais discordem do pedido;

III – por cotista ou acionista do devedor, na forma da lei ou do ato constitutivo da sociedade. Esse dispositivo só faz sentido para assegurar que acionista ou cotista minoritário efetue o pedido de quebra, pois, caso a maioria dos integrantes de uma sociedade entenda que a falência deve ser decretada, podem simplesmente deliberar no sentido de ingressar com o requerimento de autofalência;

IV – por qualquer credor. É evidente que esta é a hipótese mais comum na prática. Não se pode esquecer, outrossim, que, em se tratando de credor empresário, só poderá requerer a falência de outra empresa se comprovar a regularidade de suas atividades (art. 97, § 1º), o que se faz mediante a comprovação de que seus atos constitutivos estão arquivados no órgão competente – Registro Público de Empresas. Conforme já foi estudado, o empresário irregular pode ter sua falência decretada, mas não pode requerer a falência de outras empresas.

10.4. SUJEITO PASSIVO

Já se discorreu longamente a respeito das empresas e sociedades empresárias que podem ter a falência decretada, bem como daquelas que estão expressamente excluídas da lei falimentar. Essa análise foi feita por ocasião do estudo dos arts. 1º e 2º da lei (ver item 2).

10.5. PROCEDIMENTO JUDICIAL NO PEDIDO DE FALÊNCIA

10.5.1. INTRODUÇÃO

Após a decretação da falência, o juízo no qual ela tiver sido decretada passa a ser competente para conhecer todas as ações sobre bens, interesses e negócios do falido, ressalvadas as causas trabalhistas e fiscais (art. 76), razão pela qual se utiliza a expressão "juízo universal da falência" (item 5). O art. 76, parágrafo único, aliás, ressalva que todas essas ações terão prosseguimento com o administrador judicial, que deverá ser intimado para representar a massa falida, sob pena de nulidade (da ação).

No presente item, todavia, o que se pretende é analisar o procedimento judicial anterior à decretação da falência (fase judicial pré-falimentar), que varia de acordo com o fundamento em que se baseia o pedido (impontualidade, frustração de execução ou prática de ato de falência), e que será estudado a seguir. Cumpre, todavia, salientar que algumas regras de competência são válidas para todas as hipóteses: **a)** o requerimento de falência deve ser feito na comarca onde se situa o principal estabelecimento do devedor ou da filial de empresa que tenha sede fora do Brasil (art. 3º). Considera-se estabelecimento principal aquele em que se concentra o maior volume de negócios da empresa (ver comentários ao art. 3º – item 5); **b)** os pedidos de falência estão sujeitos a distribuição obrigatória, respeitada a ordem de apresentação (art. 78); **c)** a distribuição de pedido de falência previne o juízo para qualquer outro pedido referente ao mesmo devedor (art. 6º, § 8º); **d)** os processos de falência e seus incidentes preferem a todos os outros na ordem dos feitos, em qualquer instância (art. 79).

10.5.2. PEDIDO FUNDADO EM IMPONTUALIDADE INJUSTIFICADA (ART. 94, I)

O credor deve endereçar petição ao juízo requerendo a falência da empresa devedora, que deverá ser instruída com o título vencido e não pago, no original ou em cópia autenticada – se o original estiver juntado em outro processo –, acompanhada do respectivo instrumento de protesto. Estando em termos a petição, o juiz determinará a citação do devedor. Efetuada a citação nos termos dos arts. 219 e seguintes do Código de Processo Civil, o devedor, em um prazo de 10 dias, poderá:

a) requerer sua recuperação judicial (art. 95). Nesse caso, antes de analisar a questão falimentar, o juiz deve verificar se o devedor preenche os requisitos para a obtenção da recuperação;

b) depositar o valor correspondente ao total do crédito, acrescido de juros e correção monetária (art. 98, parágrafo único). Nessa hipótese, o requerido confessa a dívida e deposita o valor respectivo, acrescido dos encargos, sem, portanto, contestar o pedido. Esse depósito é chamado de "elisivo". Como não houve contestação, também não haverá julgamento, de modo que o juiz simplesmente determina o levantamento dos valores pelo credor, não decretando a falência;

c) contestar o pedido. Essa contestação pode ser acompanhada ou desacompanhada do depósito elisivo. Nesse caso, o devedor questiona o título apresentado, não assumindo, portanto, a responsabilidade pela dívida. O devedor pode alegar, por exemplo, falsidade, prescrição, pagamento da dívida, vício no protesto etc. A contestação deverá ser acompanhada de documentos que comprovem a alegação ou de requerimento de provas a serem produzidas (perícia no título cuja autenticidade é questionada, p. ex.). Se houver necessidade de produção de provas, o juiz as determinará, e, em seguida, proferirá julgamento. Se entender que assiste razão ao requerido, julgará improcedente o pedido de falência, devendo, ainda, analisar eventual dolo (má-fé) do requerente, que, se reconhecido, ensejará indenização ao requerido, cujo valor será apurado em liquidação de sentença. Por outro lado, caso o juiz entenda que a defesa apresentada pelo devedor é inconsistente, e que assiste razão ao requerente, deverá: **a)** decretar a falência, se o devedor, ao contestar, não depositou o valor cobrado acrescido de encargos; b) ordenar o levantamento dos valores pelo requerente, não declarando a falência, se o devedor, ao contestar, efetuou o depósito.

10.5.3. PEDIDO FUNDADO EM EXECUÇÃO FRUSTRADA (ART. 94, II)

Em tal situação, o credor já tentou receber o que lhe é devido em execução individual, não obtendo êxito. Por isso, pode buscar, também perante o Poder Judiciário, a decretação da falência do devedor. Esse pedido não será feito nos mesmos autos da execução frustrada, pois o art. 94, § 4º, esclarece que nova petição deverá ser distribuída com o requerimento de falência, instruído com certidão expedida pelo juízo em que se processava a execução individual, em que conste o não pagamento do valor devido. O juiz, então, determinará a citação do devedor, que, no prazo de 10 dias, poderá:

a) requerer a recuperação judicial (art. 95);
b) efetuar o depósito elisivo (art. 98, parágrafo único), sem apresentar contestação;
c) contestar o pedido; igualmente nesse caso a contestação pode estar ou não acompanhada do depósito elisivo, que, conforme já ressaltado, tem também caráter preventivo.

Em seguida o juiz sentenciará, decretando ou não a falência.

10.5.4. PEDIDO FUNDADO EM ATO DE FALÊNCIA (ART. 94, III)

Esse requerimento não é baseado em um título e sim em uma conduta suspeita do devedor, razão pela qual cabe ao credor prová-la, de modo que a petição deverá descrever o fato que caracteriza a situação de insolvência, acompanhada das provas já existentes, e especificação das demais que se pretende produzir. Não é muito lembrar que o próprio art. 94, III, menciona quais são esses atos de falência. Quando o pedido for fundamentado nesse inciso, resta ao devedor contestá-lo, apresentando provas em sentido contrário ao alegado pelo credor, ou requerendo sua produção em juízo. Cabe, então, ao juiz analisar as provas apresentadas ou, se for o caso, determinar sua produção e, ao final, prolatar sentença, declarando ou não a falência.

Inviável o depósito elisivo, pois o art. 98, parágrafo único, expressamente afasta essa possibilidade, mesmo porque grande parte dos atos de falência caracterizam crime falimentar, cuja punição depende da efetiva decretação da quebra. Possibilitar o depósito elisivo significaria prestigiar a má-fé do mal empresário, que, ao notar que seu ato ilícito foi descoberto, simplesmente afastaria sua responsabilidade criminal pelo depósito.

10.5.5. AUTOFALÊNCIA

A decretação da falência baseada em pedido do próprio devedor que assume seu estado de insolvência e declara não ter condições de se recuperar não apresenta percalços na medida em que, evidentemente, não existe necessidade de ser ele citado para contestar o pedido. Assim, a própria lei, em seus arts. 105 a 107, elenca os documentos que o devedor deve apresentar e, constatando o juiz a sua presença, decretará a falência.

Diz o art. 105 que o devedor em crise econômico-financeira que julgue não atender aos requisitos para pleitear sua recuperação judicial deverá requerer ao juízo a decretação de sua falência. Para tanto deverá peticionar expondo as razões da impossibilidade de prosseguimento da atividade empresarial, acompanhadas dos seguintes documentos: I – demonstrações contábeis referentes aos 3 últimos exercícios sociais e as levantadas especialmente para instruir o pedido, confeccionadas com estrita observância da legislação societária aplicável e compostas obrigatoriamente de balanço patrimonial, demonstração de resultados acumulados, demonstração do resultado desde o último exercício social, relatório do fluxo de caixa; II – relação nominal dos credores, indicando endereço, importância, natureza e classificação dos respectivos créditos; III – relação dos bens e direitos que compõem o ativo, com a respectiva estimativa de valor e documentos comprobatórios de propriedade; IV – prova da condição de empresário, contrato social ou estatuto em vigor ou, se não houver, indicação de todos os sócios, seus endereços e a relação de seus bens pessoais; V – livros obrigatórios e documentos contábeis que lhe forem exigidos por lei; VI – relação de seus administradores nos últimos 5 anos, com os respectivos endereços, suas funções e participação societária.

Caso o juiz verifique que o pedido não está regularmente instruído, determinará que seja emendado. Em seguida, decretará, por sentença, a falência do devedor. Essa sentença observará as mesmas regras referentes às outras hipóteses de decretação de quebra e sujeitará o falido às mesmas restrições.

10.6. DA SENTENÇA QUE DECRETA A FALÊNCIA

Essa sentença, que, como qualquer outra, deverá conter relatório, fundamentação e dispositivo, tem caráter eminentemente constitutivo, embora seja conhecida no meio jurídico como sentença "declaratória" da falência. É evidente, outrossim, que em muitos casos a fundamentação será extremamente concisa, precipuamente se fundada em inadimplemento de título ou quando não houver contestação.

A própria lei elenca, porém, tópicos que deverão constar da sentença. Com efeito, diz o art. 99 que a sentença que decretar a falência do devedor, dentre outras determinações:

I – conterá a síntese do pedido, a identificação do falido e os nomes dos que forem a esse tempo seus administradores. O dispositivo obriga o juiz a resumir os fundamentos que embasam o pedido de falência, bem como mencionar expressamente a empresa cuja falência está sendo decretada e nominar seus administradores. É evidente que a intenção do legislador é evitar que, por engano, seja decretada a falência de outra empresa com denominação semelhante;

II – fixará o termo legal da falência, sem poder retrotraí-lo por mais de 90 dias contados do pedido de falência, do pedido de recuperação judicial ou do primeiro protesto por falta de pagamento, excluindo-se, para esta finalidade, os protestos que tenham sido cancelados. Esse inciso trata do instituto denominado "termo legal da falência" ou "período suspeito". Ao decretar a falência o juiz determina que, nesse período por ele fixado, os atos do devedor deverão ser analisados de forma minuciosa e alguns serão declarados ineficazes independentemente de terem sido realizados com a intenção de fraudar credores. Assim, são ineficazes se realizados no termo legal da falência: a) o pagamento de dívidas não vencidas (art. 129, I); b) o pagamento de dívidas vencidas e exigíveis por forma diversa daquela prevista no contrato (art. 129, II); c) a constituição de direito real de garantia, inclusive a retenção, tratando-se de dívida contraída anteriormente (art. 129, III).

Apesar de os juízes poderem fixar período de tempo inferior, na prática normalmente é fixado o prazo máximo previsto em lei, que é de 90 dias, contados da distribuição do pedido de falência ou do primeiro protesto por falta de pagamento;

III – ordenará ao falido que apresente, no prazo máximo de 5 dias, relação nominal dos credores, indicando endereço, importância, natureza e classificação dos respectivos créditos, se esta já não se encontrar nos autos, sob pena de desobediência. Esse dispositivo visa facilitar a formação do quadro de credores da empresa, pois ninguém melhor do que o devedor para fornecer tais dados. O fornecimento do endereço também é relevante, pois um dos primeiros atos do administrador judicial é exatamente o de enviar correspondência aos credores constantes da relação apresentada pelo devedor, comunicando a data da decretação da falência, a natureza, o valor e a classificação dada ao crédito (art. 22, I, *a*);

IV – explicitará o prazo para as habilitações de crédito, observado o disposto no § 1º do art. 7º desta Lei. Esse prazo é de 15 dias contados da data da publicação do edital contendo a relação inicial dos credores (art. 99, parágrafo único);

V – ordenará a suspensão de todas as ações ou execuções contra o falido, ressalvadas as hipóteses previstas nos §§ 1º e 2º do art. 6º desta Lei (ver item 7.2);

VI – proibirá a prática de qualquer ato de disposição ou oneração de bens do falido, submetendo-os preliminarmente à autorização judicial e do Comitê, se houver, ressalvados os bens cuja venda faça parte das atividades normais do devedor se autorizada a continuação provisória nos termos do inciso XI do *caput* deste artigo. Essa proibição decorre de lei, mas o magistrado deve inseri-la na sentença para chamar a atenção quanto a esse aspecto;

VII – determinará as diligências necessárias para salvaguardar os interesses das partes envolvidas, podendo ordenar a prisão preventiva do falido ou de seus administradores quando requerida com fundamento em provas da prática de crime definido nesta Lei. Para a decretação da prisão preventiva devem estar presentes os requisitos dos arts. 312 e 313 do CPP. Dificilmente será decretada prisão preventiva em razão de crime falimentar, uma vez que a Lei n. 12.403/2011 passou a permitir tal forma de prisão cautelar somente em crimes que tenham pena máxima superior a 4 anos, porém apenas um dos crimes falimentares possui pena máxima tão elevada – crime de fraude contra credores (art. 168). Se o réu for reincidente em crime doloso, todavia, a preventiva poderá ser decretada qualquer que seja a pena do delito (art. 313, II, do CPP), desde que presente algum fundamento que a justifique (garantia da ordem pública ou da aplicação da lei penal, conveniência da instrução criminal ou garantia da ordem econômica – art. 312 do CPP);

VIII – ordenará ao Registro Público de Empresas que proceda à anotação da falência no registro do devedor, para que conste a expressão "Falido", a data da decretação da falência e a inabilitação de que trata o art. 102 desta Lei. Essa providência tem também a finalidade de dar publicidade à decretação da quebra, pois quem requerer certidão na Junta Comercial obterá a informação de que a empresa faliu. É importante também porque o falido fica impedido de exercer atividade empresarial a partir da decretação da falência, e, assim, se quiser registrar outra empresa, evidentemente, não conseguirá;

IX – nomeará o administrador judicial, que desempenhará suas funções na forma do inciso III do *caput* do art. 22 desta Lei sem prejuízo do disposto na alínea *a* do inciso II do *caput* do art. 35 desta Lei. O administrador judicial desempenha relevantíssima missão no processo falimentar, conforme já estudado no item 7.5;

X – determinará a expedição de ofícios aos órgãos e repartições públicas e outras entidades para que informem a existência de bens e direitos do falido. Esse dispositivo visa facilitar a descoberta de bens em nome do devedor, de modo que possam ser arrecadados e vendidos e os valores obtidos utilizados no pagamento dos credores;

XI – pronunciar-se-á a respeito da continuação provisória das atividades do falido com o administrador judicial ou da lacração dos estabelecimentos, observado o disposto no art. 109 desta Lei. Essa continuação provisória é indicada quando o juiz verificar que a empresa está prestes a ser vendida e que a negociação pode beneficiar os credores, porque o comprador, por exemplo, assumirá o passivo, e, caso a empresa tenha as portas fechadas imediatamente, o negócio poderá não se concretizar;

XII – determinará, quando entender conveniente, a convocação da assembleia geral de credores para a constituição de Comitê de Credores, podendo ainda autorizar a manutenção do Comitê eventualmente em funcionamento na recuperação judicial quando da decretação da falência. A formação do Comitê não é obrigatória, podendo, como se vê, ser determinada pelo juiz, que, entretanto, só deverá fazê-lo quando se tratar de empresa com grande volume de negócios ou credores, já que a empresa falida terá de arcar com os custos dos atos realizados (art. 29). A respeito da formação e das funções do Comitê, ver item 7.6;

XIII – ordenará a intimação do Ministério Público e a comunicação por carta às Fazendas Públicas Federal e de todos os Estados e Municípios em que o devedor tiver estabelecimento, para que tomem conhecimento da falência.

O parágrafo único do art. 99 diz ainda que o juiz ordenará a publicação de edital contendo a íntegra da decisão que decreta a falência e a relação de credores.

10.7. DA SENTENÇA QUE DENEGA A FALÊNCIA

Existem duas hipóteses em que deve ser negado o pedido de falência:

a) Quando o juiz verificar que o requerimento de falência é procedente, mas o devedor, ao contestar o pedido, preventivamente depositou o valor representado no título, acrescido dos encargos. Nesse caso, o juiz afasta os argumentos apresentados pelo devedor em sua contestação, mas deixa de decretar a quebra em razão da existência do depósito. Ao denegar a falência, o juiz, concomitantemente, autoriza o credor a levantar o valor depositado. Nessa hipótese, quem deve arcar com as despesas da sucumbência é o devedor.

b) Quando o juiz acolher os argumentos apresentados pelo devedor em sua contestação. Por exemplo: que o título apresentado para embasar o pedido é falso ou que o ato de falência imputado ao devedor não ocorreu. Ao denegar a falência, o juiz deve analisar se houve dolo por parte do requerente ao efetuar o pedido, e, caso positiva a conclusão, deverá condená-lo a indenizar o devedor, hipótese em que o valor será apurado em liquidação de sentença. O art. 101, § 1º, dispõe que se houver mais de um autor do pedido de falência e o juiz entender que todos agiram de má-fé, serão solidariamente responsáveis por essa indenização devida ao empresário cuja falência foi denegada.

Já o art. 101, § 2º, estabelece que terceiros eventualmente prejudicados por falência requerida de má-fé poderão pleitear indenização, fazendo-o, contudo, pela propositura de nova ação.

Quando o juiz julga improcedente o pedido de falência por acolher a contestação do devedor, deve condenar o requerente a pagar as verbas de sucumbência.

10.8. DOS RECURSOS CONTRA A SENTENÇA

A sentença que decreta falência encerra uma fase do procedimento, mas dá início a outra. Por isso, o legislador optou pelo cabimento do recurso de agravo de instrumento contra essa decisão (art. 100). O prazo para a interposição é de 10 dias, nos termos do art. 522 do Código de Processo Civil. Existe a possibilidade de o próprio juiz prolator da decisão recorrida se retratar e modificar sua decisão – é o chamado juízo de retratação. O agravo de instrumento, ordinariamente, possui apenas efeito devolutivo, mas o art. 527, III, do Código de Processo Civil, permite que o relator, de ofício ou a pedido do agravante, conceda-lhe efeito suspensivo, hipótese em que a empresa poderá continuar em funcionamento até o julgamento do recurso.

Já em relação à sentença que denega a falência, o recurso cabível é o de apelação. O prazo é de 15 dias nos termos do art. 508 do Código de Processo Civil, e o procedimento está descrito nos arts. 513 a 521 desse mesmo diploma.

Note-se, ainda, que o Ministério Público também tem legitimidade para recorrer.

QUADRO SINÓTICO – DA FALÊNCIA

Hipóteses de decretação da falência	1) Impontualidade injustificada (art. 94, I)	Requisitos: a) a obrigação deve estar materializada em um título executivo; b) o título deve ter sido protestado; c) o valor deverá superar 40 salários mínimos na data do pedido de falência; d) inexistência de justa causa para a falta de pagamento.

Hipóteses de decretação da falência	2) Frustração de execução (art. 94, II)	Requisitos: **a)** que o devedor esteja sofrendo execução individual por qualquer quantia líquida e não pague nem deposite o valor respectivo, nem tampouco nomeie bens à penhora no prazo legal; **b)** que o credor formalize pedido de falência no juízo competente, munido de certidão judicial que demonstre a frustração da execução.
	3) Prática de ato de falência (art. 94, III)	São atos praticados pelo devedor que indicam seu estado de insolvência. As hipóteses são taxativas e estão elencadas no dispositivo legal mencionado.
Sujeito ativo da falência (art. 97)	– O próprio devedor. – O cônjuge sobrevivente, qualquer herdeiro do devedor ou ainda o inventariante. – O cotista ou acionista do devedor, na forma da lei ou do ato constitutivo da sociedade. – Qualquer credor (hipótese mais comum na prática).	
Sujeito passivo da falência	V. item 2 da obra.	
Pedido fundado em impontualidade injustificada (art. 94, I)	O credor, junto com a petição inicial em que requerer a falência, deverá apresentar o título vencido e não pago, no original ou em cópia autenticada. O devedor, em um prazo de 10 dias, a contar da citação, poderá: **a)** requerer sua recuperação judicial (art. 95); **b)** depositar o valor correspondente ao total do crédito, (art. 98, parágrafo único); **c)** contestar o pedido.	
Pedido fundado em execução frustrada (art. 94, II)	O credor deverá apresentar petição ao juízo requerendo a falência da empresa devedora, que deverá ser instruída com o título vencido e não pago, no original ou em cópia autenticada. O juiz sentenciará, decretando ou não a falência.	

Pedido fundado em ato de falência (art. 94, III)	Esse requerimento é baseado em uma conduta suspeita do devedor (atos de falência) e a petição deverá descrever o fato que caracteriza a situação de insolvência, acompanhada das provas já existentes, além de especificação das demais que se pretende produzir.
Autofalência	Baseada em pedido do próprio devedor que assume seu estado de insolvência e declara não ter condições de se recuperar (arts. 105 a 107). O devedor deverá peticionar expondo as razões da impossibilidade de prosseguimento da atividade empresarial, acompanhadas dos documentos discriminados nos incisos I, II, III, IV, V e VI do art. 105.
A sentença que decreta a falência	Tem caráter eminentemente constitutivo. A sentença deverá conter (art. 99): 1) a síntese do pedido, a identificação do falido e os nomes dos que forem a esse tempo seus administradores; 2) o termo legal da falência; do pedido de recuperação judicial ou do protesto por falta de pagamento; 3) ordem ao falido para que apresente, no prazo de 5 dias, relação nominal dos credores; 4) explicitação do prazo para as habilitações de crédito; 5) ordem de suspensão de todas as ações ou execuções contra o falido (com exceção das hipóteses previstas nos §§ 1º e 2º do art. 6º da lei); 6) proibição de qualquer ato de disposição ou oneração de bens do falido; 7) determinação das diligências necessárias para salvaguardar os interesses das partes envolvidas; 8) ordem ao Registro Público de Empresas para que proceda à anotação da falência no registro do devedor; 9) nomeação do administrador judicial; 10) determinação da expedição de ofícios aos órgãos e repartições públicas e outras entidades para que informem a existência de bens e direitos do falido; 11) pronunciamento sobre a continuação provisória das atividades do falido com o administrador judicial; 12) determinação da convocação da assembleia geral de credores para a constituição de Comitê de Credores;

A sentença que decreta a falência	13) ordem para intimação do Ministério Público e a comunicação às Fazendas Públicas Federal e de todos os Estados e Municípios em que o devedor tiver estabelecimento.
A sentença que denega a falência	O pedido de falência pode ser negado: – quando o devedor deposita preventivamente o valor representado no título acrescido dos encargos; – quando o juiz acolhe os argumentos apresentados pelo devedor em sua contestação.
Os recursos contra a sentença	**Contra a sentença que decreta a falência** – agravo de instrumento. **Prazo** – 10 dias. **Efeitos** – apenas devolutivo e extraordinariamente suspensivo. **Contra a sentença que denega a falência** – apelação **Prazo** – 15 dias.

10.9. CLASSIFICAÇÃO DOS CRÉDITOS

Já foi dito anteriormente que, decretada a falência, deve ser organizado o quadro-geral de credores, no qual serão listados todos os que possuem algum valor a receber da empresa falida. O procedimento para a formação desse quadro-geral, com a verificação e habilitação de créditos, por ser comum à falência e à recuperação judicial, foi estudado em momento anterior (item 7.4). Na falência, todavia, a ordem para o pagamento dos credores deve ser aquela expressamente descrita na lei (art. 83), enquanto na recuperação judicial outra ordem pode ser proposta pelo devedor no plano por ele apresentado.

O art. 83 classifica os créditos falimentares em ordem de preferência, dividindo-os em classes. Como o valor obtido com a venda dos bens do devedor pode não ser suficiente para pagar todos os credores, dispõe a lei que os de uma classe considerada inferior somente receberão se houver sobra, após o pagamento de credores de classe superior.

Em suma, os integrantes de classe mais elevada preferem aos de classe inferior. Quando, porém, o valor devido aos integrantes de uma mesma classe superar o montante existente para ser distribuído, deverá haver rateio proporcional entre eles, de modo que receberão apenas parcialmente. Nesse caso, é evidente que, por nada mais existir a ser distribuído, os integrantes das classes consideradas inferiores nada receberão.

A Lei de Falências, em seu art. 83, divide os créditos em oito classes:

I – créditos trabalhistas ou decorrentes de acidente do trabalho;
II – créditos com garantia real;
III – créditos tributários;
IV – créditos com privilégio especial;
V – créditos com privilégio geral;
VI – quirografários;
VII – decorrentes de multas contratuais e penas pecuniárias;
VIII – créditos subordinados.

Deve-se esclarecer, entretanto, que, apesar de ser esta a ordem de preferência, a própria lei dispõe que os créditos extraconcursais serão pagos antes de todos os outros. Os créditos extraconcursais estão previstos no art. 84 e são os primeiros a serem pagos. Por isso, serão analisados antes dos demais.

10.9.1. CRÉDITOS EXTRACONCURSAIS (ART. 84)

A finalidade desse dispositivo, que prevê a primazia no pagamento dos créditos extraconcursais, é a de assegurar o bom andamento do procedimento falimentar, dispondo que as dívidas feitas pela massa, após a declaração da falência, têm preferência em relação às dívidas anteriores. Não fosse assim, não haveria administrador judicial, leiloeiro ou peritos dispostos a atuar, não se obteriam depósitos para guardar os bens da massa antes da venda, não seriam obtidos empréstimos etc.

É necessário ressaltar que existem duas regras que podem ser extraídas do art. 84, *caput*: **a)** os créditos extraconcursais são pagos antes do que aqueles mencionados no art. 83 (que são os relacionados no quadro-geral); **b)** dentre os próprios créditos extraconcursais existe uma ordem de preferência estabelecida nos incisos do art. 84, a saber:

"I – remunerações devidas ao administrador judicial e seus auxiliares, e créditos derivados da legislação do trabalho ou decorrentes de acidentes de trabalho relativos a serviços prestados após a decretação da falência;

II – quantias fornecidas à massa pelos credores;

III – despesas com arrecadação, administração, realização do ativo e distribuição do seu produto, bem como custas do processo de falência;

IV – custas judiciais relativas às ações e execuções em que a massa falida tenha sido vencida;

V – obrigações resultantes de atos jurídicos válidos praticados durante a recuperação judicial, nos termos do art. 67 desta Lei, ou após a decretação da falência, e tributos relativos a fatos geradores ocorridos após a decretação da falência, respeitada a ordem estabelecida no art. 83 desta Lei".

10.9.2. CRÉDITOS TRABALHISTAS E DECORRENTES DE ACIDENTE DO TRABALHO (ART. 83, I)

Já estamos agora na seara dos créditos "concursais", que são aqueles que constam do quadro-geral de credores e são referentes a créditos anteriores à decretação da quebra. São, portanto, os credores do falido, enquanto os extraconcursais podem ser definidos como credores da massa falida.

Em relação aos créditos trabalhistas, é possível concluir que, como o texto legal não faz qualquer restrição, estão abrangidos todos os valores devidos aos trabalhadores, como salários em atraso, décimo terceiro salário, férias, horas extras etc. A lei, porém, limita o privilégio dos trabalhadores ao montante de 150 salários mínimos, sendo que o valor excedente será considerado crédito quirografário (art. 83, VI, c). O art. 83, § 4º, por sua vez, dispõe que os créditos trabalhistas cedidos a terceiros também serão considerados quirografários.

É oportuno, ainda, salientar que o art. 151 prevê a antecipação do pagamento dos créditos trabalhistas de natureza estritamente salarial (não engloba indenizações como décimo terceiro salário e férias), vencidos nos 3 meses anteriores à decretação da falência, até o limite de 5 salários mínimos por trabalhador, desde que haja dinheiro em caixa. Em suma, por terem natureza alimentar, esses valores serão pagos antes mesmo da formação do quadro-geral de credores, desde que haja dinheiro em caixa e dentro dos limites estabelecidos. Esses valores, aliás, são pagos antes mesmo dos créditos extraconcursais, porém os valores devidos aos trabalhadores, acima de 5 salários mínimos, serão pagos após os extraconcursais e dentro do limite de 150 salários mínimos (descontado o montante já pago como antecipação). Por fim, o que exceder 150 salários mínimos será considerado crédito quirografário, e só será pago em momento posterior.

Os créditos decorrentes de acidente do trabalho dividem-se em duas categorias:

a) ocorridos após a decretação da quebra. São considerados extraconcursais (art. 84, II);
b) anteriores à decretação da falência. Não são extraconcursais, mas estão inseridos na primeira categoria de créditos a serem pagos após aqueles (art. 83, I).

É preciso esclarecer, outrossim, que, uma vez verificado o acidente do trabalho, cabe ao INSS o pagamento do auxílio devido: auxílio-acidente, aposentadoria por invalidez acidentária etc. Ocorre, todavia, que, se ficar demonstrado que o acidente decorreu de dolo ou culpa do empregador, surge para o trabalhador direito à indenização, que é autônomo em relação às obrigações do INSS para com o trabalhador acidentado. Assim, quando o art. 83, I, se refere a créditos decorrentes de acidentes do trabalho está referindo-se às indenizações decorrentes de dolo ou culpa do empregador no acidente.

10.9.3. CRÉDITOS COM GARANTIA REAL (ART. 83, II)

Decorrem de contratos de empréstimo (mútuo) ou financiamento garantidos por hipoteca, penhor ou anticrese, ou de debêntures com garantia real, ou, ainda, de cédulas de crédito rural, comercial ou industrial etc.

Saliente-se que o art. 83, § 1º, dispõe que o valor do bem objeto da garantia real é aquele efetivamente arrecadado com sua venda, ou, no caso de alienação em bloco, o valor de avaliação do bem individualmente considerado. Nesse caso, se o bloco foi vendido, por exemplo, por um terço do valor global de avaliação, será considerado que cada bem foi vendido pela terça parte do valor da avaliação individual.

Note-se que, apesar de o bem ter sido dado em garantia, deverá ser atendida a ordem de pagamento de credores. Suponha-se, assim, que o único bem arrecadado em uma falência seja uma casa dada em hipoteca e que existam alguns créditos decorrentes de relação de trabalho. Nesse caso, os trabalhadores receberão prioritariamente, e apenas o saldo remanescente servirá para o pagamento dos credores com garantia real. Por outro lado, se não existirem créditos trabalhistas, mas a casa for vendida por valor inferior ao que é devido ao credor com garantia real, a diferença será reclassificada como crédito quirografário, porém, como no exemplo em análise não há nenhum outro bem arrecadado, o credor suportará o prejuízo. Se, todavia, existir outros bens arrecadados, o credor poderá receber o restante junto com os outros credores quirografários.

10.9.4. CRÉDITOS TRIBUTÁRIOS (ART. 83, III)

A expressão abrange os créditos fiscais, decorrentes do inadimplemento no pagamento de impostos, taxas ou contribuições de melhoria devidos à União, Estados ou Municípios, parafiscais ou contribuições (previdenciárias ou sociais).

A lei assegura o privilégio independentemente da data de constituição do crédito, desde que já inscritos na dívida ativa. Caso não inscritos, serão tratados como quirografários.

Dentre os créditos tributários existe uma ordem de preferência, nos termos do art. 187, parágrafo único, do Código Tributário Nacional (Lei n. 5.172/66): primeiro devem ser pagos os créditos da União, depois aqueles dos Estados e, por fim, os créditos tributários dos Municípios. O Supremo Tribunal Federal, a respeito do tema, publicou a Súmula 563, segundo a qual "o concurso de preferência a que se refere o parágrafo único do art. 187 do CTN é compatível com o disposto no art. 9º, I, da Constituição Federal". Essa súmula foi aprovada durante a vigência da Constituição de 1967, mas continua tendo aplicação porque o referido art. 9º, I, foi reproduzido no atual art. 19, III, da Constituição de 1988. Por fim, considerando o teor do art. 29, parágrafo único, I, da Lei de Execução Fiscal (Lei n. 6.830/80), os créditos das autarquias da União preferem aos dos Estados e dos Municípios. Aliás, a Súmula 497 do Superior Tribunal de Justiça confirma tal assertiva.

Por sua vez, as multas tributárias foram expressamente excluídas do art. 83, III, da Lei de Falências, e serão pagas após os créditos quirografários, conforme determina o seu art. 83, VII. De acordo com o art. 186, parágrafo único, III, do Código Tributário, as multas tributárias preferem somente aos créditos subordinados.

10.9.5. CRÉDITOS COM PRIVILÉGIO ESPECIAL (ART. 83, IV)

A própria lei estabelece quais são esses créditos: **a)** aqueles expressamente previstos no art. 964 do Código Civil; **b)** outros assim definidos em leis civis ou comerciais; **c)** aqueles a cujos titulares a lei confira o direito de retenção sobre a coisa dada em garantia.

Para uma melhor compreensão do dispositivo, deve-se mencionar que o art. 964 do Código Civil diz que "tem privilégio especial: I – sobre a coisa arrecadada ou liquidada o credor de custas e despesas judiciais feitas com a arrecadação e liquidação; II – sobre a coisa salvada, o credor por despesas de salvamento; III – sobre a coisa beneficiada, o credor por benfeitorias necessárias ou úteis; IV – sobre os prédios rústicos ou urbanos, fábricas, oficinas, ou quaisquer outras construções, o credor de materiais, dinheiro, ou serviços para sua edificação, reconstrução, ou melhoramento; V – sobre os frutos agrícolas, o credor por sementes, instrumentos e serviços à cultura, ou colheita; VI – sobre as alfaias e utensílios de uso doméstico, nos prédios rústicos ou urbanos, o credor de aluguéis, quanto às prestações do ano corrente e do anterior; VII – sobre os exemplares da obra existente na massa do editor, o autor dela, ou seus legítimos representantes, pelo crédito fundado contra aquele no contrato de edição; VIII – sobre o produto da colheita, para a qual houver concorrido com o seu trabalho, e precipuamente a quaisquer outros créditos, ainda que reais, o trabalhador agrícola, quanto à dívida dos seus salários. Veja-se, porém, que a hipótese do inciso I, que trata das despesas com a arrecadação, foi elencada como crédito extraconcursal no art. 84, III.

10.9.6. CRÉDITOS COM PRIVILÉGIO GERAL (ART. 83, V)

Segundo o art. 83, V, têm essa natureza: **a)** os créditos previstos no art. 965 do Código Civil; **b)** aqueles previstos no art. 67, parágrafo único; **c)** outros assim definidos em lei, salvo disposição em contrário da própria Lei de Falências.

Nos termos do art. 965 do Código Civil, "goza de privilégio geral, na seguinte ordem, sobre os bens do devedor: I – o crédito por despesa de seu funeral, feito segundo a condição do morto e o costume do lugar; II – o crédito por custas judiciais, ou por despesas com a arrecadação e liquidação da massa; III – os créditos por despesas com o luto do cônjuge sobrevivo e dos filhos do devedor falecido, se forem moderadas; IV – o crédito com despesas com a doença de que faleceu o devedor, no semestre anterior à sua morte; V – os créditos pelos gastos necessários à mantença do devedor falecido e sua família, no trimestre anterior ao falecimento; VI – os créditos pelos impostos devidos à Fazenda Pública, no ano corrente e no anterior; VII – o crédito pelos salários dos empregados do serviço doméstico do devedor, nos seus derradeiros seis meses de vida".

Deve-se notar, porém, que alguns desses créditos possuem outra classificação na Lei de Falências, como aqueles referentes a despesas com arrecadação e liquidação da massa, que são os extraconcursais (art. 84, III) e os fiscais.

A regra do art. 67, parágrafo único, é a de que os créditos quirografários sujeitos à recuperação judicial pertencentes a fornecedores de bens ou serviços que continuarem a provê-lo normalmente após o pedido de recuperação judicial serão elevados à condição de credor com privilégio geral em caso de futura decretação de falência, no limite do valor dos bens ou serviços prestados durante a recuperação.

Existem, ainda, leis especiais conferindo privilégio geral, como, por exemplo, o Estatuto da OAB (Lei n. 8.906/94), que, em seu art. 24, confere tal prerrogativa aos honorários advocatícios fixados judicialmente ou em contrato escrito.

10.9.7. CRÉDITOS QUIROGRAFÁRIOS (ART. 83, VI)

Essa categoria, geralmente, é a que contém o maior número de credores, já que, por exclusão, alcança os créditos não abrangidos em categoria superior ou inferior, nos termos do art. 83, VI, *a*. Alcança, por exemplo, credores decorrentes de relação contratual desprovida de garantia real, créditos fundados em títulos de crédito (promissórias, cheques, duplicatas etc.), créditos fiscais não inscritos na dívida ativa, obrigações decorrentes de indenização por ato ilícito etc.

As alíneas *b* e *c*, do art. 83, VI, classificam também como quirografários os saldos dos créditos não cobertos pelo produto da alienação dos bens vinculados a seu pagamento (créditos com garantia real – ver item 10.9.3) e os créditos trabalhistas que excederem ao limite de 150 salários mínimos.

São também quirografários os créditos trabalhistas cedidos a terceiros (art. 83, § 4º).

10.9.8. MULTAS CONTRATUAIS E PENAS PECUNIÁRIAS POR INFRAÇÃO DAS LEIS PENAIS OU ADMINISTRATIVAS, INCLUSIVE AS MULTAS TRIBUTÁRIAS (ART. 83, VII)

As categorias inferiores à dos créditos quirografários são chamadas de subquirografárias.

O art. 83, VII, em sua primeira parte, trata das multas contratuais, devendo ficar esclarecido que o montante principal do contrato não honrado constitui crédito quirografário, e apenas a multa nele estipulada como decorrência do inadimplemento é tratada como subquirografária.

O art. 83, § 3º, estabelece, porém, que as cláusulas penais dos contratos unilaterais não serão atendidas se as obrigações neles estipuladas se vencerem em virtude da falência. Assim, apenas o inadimplemento (e não o vencimento antecipado em razão da falência) gera a obrigação de pagar a multa contratual.

Em segundo lugar estão as multas decorrentes de condenações criminais por crime ambiental praticado pela empresa ou por infração penal cometida por sócio com responsabilidade ilimitada com sentença transitada em julgado, ou multas administrativas (multas de trânsito de carros da empresa, p. ex.). Aqui estão também incluídas as aplicadas pelo atraso ou inadimplemento tributário.

10.9.9. CRÉDITOS SUBORDINADOS (ART. 83, VIII)

Esta é a última categoria de credores e, nos termos do art. 83, VIII, abrange: **a)** os credores assim descritos em lei ou contrato. O art. 58, § 4º, da Lei n. 6.404/76 (Lei de Sociedades Anônimas), por exemplo, expressamente define como crédito subordinado aquele representado por debêntures sem garantia real, na falência da companhia; **b)** os créditos dos sócios e dos administradores sem vínculo empregatício. O art. 83, § 2º, salienta que não são oponíveis à massa os valores decorrentes de direito de sócio ao recebimento de sua parcela do capital social na liquidação da sociedade, ou seja, os créditos subordinados dos sócios aqui tratados referem-se a outras dívidas que a sociedade tenha para com ele, como, por exemplo, decorrentes de empréstimo feito à sociedade em momento de dificuldade financeira.

10.9.10. SALDO REMANESCENTE

Efetuado o pagamento dos credores, incluídos os juros até a data da decretação da falência (art. 77) e correção monetária até a data do pagamento, o administrador deverá verificar se existe saldo remanescente. Se houver, deverá pagar os juros aos credores referentes ao período entre a quebra e a efetivação do pagamento. Se ainda houver saldo remanescente, deverá ser entregue ao falido. Em se tratando de sociedade empresária, cada sócio ou acionista receberá valor proporcional à sua participação no capital social.

10.10. PEDIDO DE RESTITUIÇÃO

Decretada a falência, é obrigação do administrador judicial comparecer aos estabelecimentos da empresa e arrecadar todos os bens ali existentes. É evidente, contudo, que alguns desses bens podem não integrar o patrimônio da empresa, ali estando em razão de algum contrato ou de direito real de garantia. É o que ocorre, por exemplo, com máquinas alugadas à empresa, veículos pertencentes a instituições financeiras (objeto de alienação fiduciária), bem entregue à empresa falida em penhor etc.

Uma vez arrecadado o bem alheio, cabe ao proprietário requerer a restituição ao juiz, pois, de acordo com a Lei de Falências, só ele pode deferir esse tipo de pedido, e nunca o administrador.

Conforme se verá, a restituição pode dar-se pela devolução do próprio bem ou por seu equivalente em dinheiro.

10.10.1. RESTITUIÇÃO DE BEM ARRECADADO

O art. 85 da lei estabelece duas hipóteses em que a restituição do bem é possível:

a) quando o bem arrecadado pertence a terceiro;

b) quando a coisa tiver sido vendida a prazo e entregue ao devedor nos 15 dias anteriores ao requerimento de sua falência. Nesse caso, o vendedor ainda não recebeu pagamento pela venda do bem e o legislador entendeu que, nessa circunstância, faz ele jus à restituição, por ter a entrega ocorrido às vésperas da quebra, quando o devedor já tinha ciência de seu estado. O dispositivo leva em conta o período decorrido entre a data da entrega do bem (e não da concretização da venda) e a do pedido de falência.

O pedido de restituição suspende a disponibilidade da coisa até o julgamento definitivo (art. 91), ou seja, enquanto pendente de julgamento o bem não pode ser vendido.

A devolução deve ser feita no prazo de 48 horas a contar do trânsito em julgado da sentença que reconhecer o direito do requerente (art. 88).

O requerente que tenha êxito em seu pedido de restituição deverá indenizar a massa por eventuais despesas feitas para a conservação do bem (art. 92).

10.10.2. RESTITUIÇÕES EM DINHEIRO

O art. 86 elenca três hipóteses em que o credor tem direito à restituição em dinheiro:

a) Se a coisa alheia não mais existir ao tempo do pedido de restituição. Nesse caso, o requerente receberá o valor da avaliação do bem (caso ele tenha sido subtraído ou danificado), ou, no caso de ter ocorrido sua venda, o respectivo preço (p. ex.: bem comprado a prazo pelo falido e por ele recebido nos 15 dias anteriores ao pedido de falência e que foi imediatamente vendido). Em qualquer hipótese o valor será atualizado.

b) Da importância entregue ao devedor, em moeda corrente nacional, decorrente de adiantamento a contrato de câmbio para exportação, na forma do art. 75, §§ 3º e 4º, da Lei n. 4.728/65, desde que o prazo total da operação, inclusive eventuais prorrogações, não exceda o previsto nas normas específicas da autoridade competente.

c) Dos valores entregues ao devedor pelo contratante de boa-fé na hipótese de revogação ou ineficácia do contrato, conforme disposto no art. 136 da lei. É o que ocorre, por exemplo, quando alguém, de boa-fé, fecha contrato com a empresa falida e, em razão disso, entrega valores à empresa, mas o negócio jurídico acaba sendo declarado ineficaz pelo juiz, já nos autos da falência. Como o negócio foi desfeito por ordem judicial, e o contratante estava de boa-fé, terá direito à restituição dos valores anteriormente entregues.

Os titulares de direito de restituição em dinheiro não integram o quadro-geral, não sendo considerados credores. De acordo com o art. 86, parágrafo único, essas restituições devem ser feitas antes do pagamento dos créditos concursais e extraconcursais, somente não podendo ocorrer antes do pagamento dos salários dos trabalhadores vencidos nos 3 meses anteriores à quebra e limitados a 5 salários mínimos, nos termos do art. 151 da lei.

Quando houver vários pedidos de restituição em dinheiro e não existir saldo suficiente para o pagamento integral de todos, far-se-á rateio proporcional entre eles (art. 91, parágrafo único).

10.10.3. PROCEDIMENTO DO PEDIDO DE RESTITUIÇÃO

A petição contendo o pedido de restituição deverá ser endereçada ao juiz da falência e ser fundamentada, além de descrever a coisa reclamada. Deverá, também, ser acompanhada dos documentos que embasem o pedido (contrato celebrado com a empresa falida, documento de propriedade do bem etc.). O juiz mandará autuar em separado o requerimento e os documentos que o instruírem e intimará o falido, o Comitê, os demais credores e o administrador judicial, para que se manifestem em um prazo sucessivo de 5 dias, valendo como contestação a manifestação contrária ao pedido (art. 87, § 1º). Caso não haja contestação e o juiz defira a restituição, a massa não será condenada ao pagamento de honorários advocatícios (art. 88, parágrafo único). Havendo contestação, e deferidas as provas eventualmente requeridas, o juiz designará audiência de instrução e julgamento, se necessária (art. 87, § 2º). Não havendo provas a produzir, a designação de audiência mostrar-se-á desnecessária e os autos serão conclusos ao juiz para a prolação de sentença (art. 87, § 3º).

Da sentença que julgar o pedido de restituição cabe apelação, sem efeito suspensivo (art. 90, *caput*).

Quadro sinótico – Da classificação dos créditos (falência)

Classificação dos créditos (art. 83)	Os créditos são divididos normalmente em oito classes distintas: 1 – trabalhistas ou decorrentes de acidente do trabalho; 2 – com garantia real; 3 – tributários; 4 – com privilégio especial; 5 – com privilégio geral;
Classificação dos créditos (art. 83)	6 – quirografários; 7 – de multas contratuais e penas pecuniárias; 8 – subordinados.
Créditos extraconcursais (art. 84)	Conceito – são as dívidas contraídas pela massa, após a declaração da falência e que devem ser pagas primeiramente em relação às dívidas anteriores. O art. 84, incisos I, II, III, IV e V, estabelece, ainda, uma ordem preferencial entre os créditos extraconcursais.
Créditos trabalhistas e decorrentes de acidente do trabalho (art. 83, I)	Créditos trabalhistas – todos os valores devidos aos trabalhadores, limitado o privilégio ao montante de 150 salários mínimos, sendo que o valor excedente será considerado crédito quirografário (art. 83,VI, *c*). Créditos decorrentes de acidente do trabalho: **a)** ocorridos após a decretação da quebra (extraconcursais) (art. 84, II); **b)** anteriores à decretação da falência (não são extraconcursais) (art. 83, I).
Créditos com garantia real (art. 83, II)	Conceito – decorrem de contratos de empréstimo (mútuo) ou financiamento garantidos por hipoteca, penhor ou anticrese, ou de debêntures com garantia real, ou, ainda, de cédulas de crédito rural, comercial ou industrial etc.
Créditos tributários (art. 83, III)	Conceito – são os créditos fiscais, decorrentes do inadimplemento no pagamento de impostos, taxas ou contribuições de melhoria devidos à União, Estados ou Municípios, parafiscais ou contribuições (previdenciárias ou sociais).
Créditos com privilégio especial (art. 83, IV)	**a)** aqueles expressamente previstos no art. 964 do Código Civil; **b)** outros assim definidos em leis civis ou comerciais; **c)** aqueles a cujos titulares a lei confira o direito de retenção sobre a coisa dada em garantia.

Créditos com privilégio geral (art. 83, V)	**a)** os créditos elencados no art. 965 do Código Civil; **b)** os créditos enumerados no art. 67, parágrafo único, da lei falimentar; **c)** outros assim definidos em lei, salvo disposição em contrário da própria lei falimentar.
Créditos quirografários (art. 83, VI)	Alcança, por exclusão, os créditos não abrangidos em categoria superior ou inferior, nos termos do art. 83, VI.
Créditos subquirografários	Multas contratuais, decorrentes de condenações criminais (crime ambiental praticado pela empresa ou infração penal cometida por sócio com responsabilidade ilimitada) multas administrativas e como resultado de inadimplemento tributário.
Créditos subordinados (art. 83, VIII)	**a)** aqueles assim denominados em lei ou contrato; **b)** os créditos dos sócios e dos administradores sem vínculo empregatício.

QUADRO SINÓTICO – PEDIDO DE RESTITUIÇÃO

Pedido de restituição	É justificado em decorrência da arrecadação de bens que não integram o patrimônio da empresa, estando ali em razão de algum contrato ou de direito real de garantia. O pedido de restituição é cabível, em suma, quando o bem arrecadado pertence a terceiro ou quando a coisa tiver sido vendida a prazo e entregue ao devedor nos 15 dias anteriores ao requerimento de sua falência.
Restituições em dinheiro	A restituição em dinheiro deverá ocorrer: **a)** se a coisa alheia não mais existir ao tempo do pedido de restituição; **b)** decorrente de adiantamento a contrato de câmbio para exportação; **c)** em razão de valores entregues ao devedor pelo contratante de boa-fé na hipótese de revogação ou ineficácia do contrato.
Procedimento do pedido de restituição	Etapas do pedido de restituição: – Protocolização da petição endereçada ao juiz da falência. – Intimação do falido, do Comitê, dos demais credores e do administrador judicial, para se manifestarem em 5 dias.

Procedimento do pedido de restituição	– Não havendo contestação e sendo deferida a restituição, a massa não será condenada ao pagamento de honorários advocatícios. – Havendo contestação, e deferidas as provas, o juiz designará audiência de instrução e julgamento, se achar necessário. Contra a sentença que julgar o pedido de restituição, cabe recurso de apelação sem efeito suspensivo.

10.11. EMBARGOS DE TERCEIRO

O art. 93 estabelece que, nos casos em que não couber pedido de restituição, ficará resguardado aos credores direito de propor embargos de terceiro, nos termos dos arts. 1.046 a 1.054 do Código de Processo Civil.

10.12. MASSA FALIDA OBJETIVA E SUBJETIVA

A doutrina faz uma distinção entre massa falida objetiva e massa falida subjetiva. A primeira corresponde ao conjunto de bens do falido e dos sócios com responsabilidade ilimitada que são arrecadados no processo falimentar para serem vendidos e os valores utilizados no pagamento dos credores. Já a massa falida subjetiva é constituída pelo conjunto de credores do falido (empresário individual ou sociedade empresária) ou dos sócios ilimitadamente responsáveis, ou seja, por todos aqueles que integram o quadro-geral de credores.

10.13. DOS EFEITOS DA FALÊNCIA COM RELAÇÃO ÀS OBRIGAÇÕES E CONTRATOS DO DEVEDOR

A decretação da falência acarreta uma série de consequências em relação às obrigações do devedor e também quanto aos contratos de que é signatário.

O art. 77 da lei, em sua primeira parte, prevê que a decretação da quebra determina o vencimento antecipado das dívidas do falido e dos sócios ilimitada e solidariamente responsáveis, com o abatimento proporcional dos juros. Assim, se por ocasião da decretação da falência faltava ainda algum tempo para vencer obrigação assumida pelo devedor, a decisão judicial fará com que ela imediatamente se considere vencida. É evidente que, em se tratando de obrigação com vencimento futuro, nela estão embutidos juros que deverão ser abatidos por consequência da antecipação.

Com relação aos juros, portanto, pode-se dizer que:

a) aqueles decorrentes de obrigação vencida antecipadamente em razão da decretação da falência serão abatidos, de forma que só sejam incluídos os referentes ao período entre o negócio e a data da decretação da quebra, descontando-se os que venceriam posteriormente;

b) os referentes a obrigação já vencida e não honrada por ocasião da falência incidirão até a data de sua decretação, e deverão ser incluídos no pagamento dos credores (art. 124);

c) os juros posteriores à decretação da falência só serão pagos se houver saldo remanescente, após o pagamento dos "credores subordinados", que constituem a última classe de credores na ordem de preferência;

d) os juros das debêntures e dos créditos com garantia real, vencidos após a decretação da falência, são sempre exigíveis, mas por eles responde, exclusivamente, o produto dos bens que constituem a garantia (art. 124, parágrafo único).

Outro aspecto importante do dispositivo em análise diz respeito ao vencimento antecipado das dívidas dos sócios com responsabilidade ilimitada, assim como dos solidariamente responsáveis, pois, conforme se verá adiante (item 10.14), ficam eles sujeitos aos mesmos efeitos jurídicos produzidos em relação à sociedade falida, sendo considerados também falidos.

A parte final do art. 77, por sua vez, estabelece que, com a decretação da falência, as obrigações pactuadas em moeda estrangeira serão convertidas para a moeda nacional, pelo câmbio do dia da decisão judicial, de modo que o crédito deixará de ficar sujeito à variação cambial. O valor da cotação do dólar, por exemplo, será o do dia da decretação da falência.

Outra regra importante é aquela que diz que a decretação da falência suspende o exercício do direito de retenção sobre os bens sujeitos à arrecadação, os quais deverão ser entregues ao administrador judicial. Assim, serão arrecadados todos os bens do devedor, com exceção daqueles considerados absolutamente impenhoráveis (art. 116, I).

A falência também suspende, por parte dos sócios da sociedade falida, o exercício do direito de retirada ou de recebimento do valor de suas quotas ou ações (art. 116, II). Com isso, a lei visa evitar a perda de ativos, resguardando-se os interesses dos credores.

O art. 115 da lei dispõe que a decretação da falência sujeita todos os credores, que somente poderão exercer seus direitos sobre os bens do falido e do sócio ilimitadamente responsável na forma legalmente prescrita. Esse dispositivo, em verdade, consagra uma regra óbvia, no sentido de que todos os credores estão sujeitos às regras da lei falimentar.

A quebra produz, ainda, efeitos relevantes sobre os contratos do devedor. A própria lei regulamenta esses efeitos, tratando, inicialmente, e de forma genérica, dos contratos bilaterais e dos unilaterais, para, em seguida, estabelecer regras específicas em relação a determinados tipos de contrato.

De acordo com o art. 117, os contratos bilaterais não se resolvem, necessariamente, pela falência, podendo ser cumpridos pelo administrador judicial, mediante autorização do Comitê, se o cumprimento reduzir ou evitar o aumento do passivo da massa ou for necessário à manutenção e preservação de seus ativos. O § 1º acrescenta que o contratante poderá interpelar o administrador judicial, no prazo de até 90 dias, contado da assinatura do termo de sua nomeação, para que, dentro de 10 dias, declare se o contrato será ou não cumprido. A declaração negativa do administrador ou seu silêncio conferirá ao contratante o direito à indenização, cujo valor, apurado em processo ordinário, constituirá crédito quirografário (§ 2º).

O administrador judicial poderá, ainda, cumprir os contratos unilaterais, realizando o pagamento da prestação pela qual a empresa falida está obrigada, desde que exista autorização do Comitê e que esse fato reduza ou evite o aumento do passivo da massa, ou seja necessário à manutenção e preservação dos ativos (art. 118).

O art. 119, por sua vez, regulamenta algumas consequências da falência sobre contratos específicos. As regras são as seguintes:

1) O vendedor não pode obstar a entrega das coisas expedidas ao devedor, e ainda em trânsito, se o comprador, antes do requerimento da falência, as tiver revendido, sem fraude, à vista das faturas e conhecimentos de transporte entregues ou remetidos pelo vendedor.

2) Se o devedor vendeu coisas compostas e o administrador judicial resolver não continuar a execução do contrato, poderá o comprador pôr à disposição da massa falida as coisas já recebidas, pedindo perdas e danos.

3) Não tendo o devedor entregue coisa móvel ou prestado serviço que vendera ou contratara a prestações, e resolvendo o administrador judicial não executar o contrato, o crédito relativo ao valor pago será habilitado na classe própria.

4) O administrador judicial, ouvido o Comitê, restituirá a coisa móvel comprada pelo devedor com reserva de domínio do vendedor se resolver não continuar a execução do contrato, exigindo a devolução, nos termos do contrato, dos valores pagos.

5) Tratando-se de coisas vendidas a termo, que tenham cotação em bolsa ou mercado, e não se executando o contrato pela efetiva entrega daquelas e pagamento do preço, prestar-se-á a diferença entre a cotação do dia do contrato e a da época da liquidação em bolsa ou mercado.

6) Na promessa de compra e venda de imóveis aplicar-se-á a legislação respectiva (CC, arts. 1.417 e 1.418).

7) A falência do locador não resolve o contrato de locação e, na falência do locatário, o administrador judicial pode, a qualquer tempo, denunciar o contrato.

8) Caso haja acordo para compensação e liquidação de obrigações no âmbito do sistema financeiro nacional, nos termos da legislação vigente, a parte não falida poderá considerar o contrato vencido antecipadamente, hipótese em que será liquidado na forma estabelecida em regulamento, admitindo-se a compensação de eventual crédito que venha a ser apurado em favor do falido com créditos detidos pelo contratante.

9) Os patrimônios de afetação, constituídos para cumprimento de destinação específica, obedecerão ao disposto na legislação respectiva, permanecendo seus bens, direitos e obrigações separados dos do falido até o advento do respectivo termo ou até o cumprimento de sua finalidade, ocasião em que o administrador judicial arrecadará o saldo a favor da massa falida ou inscreverá na classe própria o crédito que contra ela remanescer.

Com a decretação da falência também cessam os efeitos de eventual mandato conferido pelo devedor, antes da sentença de quebra, para a realização de negócios, cabendo ao mandatário prestar contas de sua gestão. O mandato conferido para representação judicial do devedor continua em vigor até que seja expressamente revogado pelo administrador judicial. Para o falido, cessa o mandato ou comissão que houver recebido antes da falência, salvo os que versarem sobre matéria estranha à atividade empresarial (art. 120).

No momento da decretação da quebra consideram-se encerradas as contas correntes do devedor, verificando-se o respectivo saldo, que também será arrecadado para formação da massa falida objetiva (art. 121).

As dívidas vencidas até o dia da decretação da falência compensam-se, com preferência sobre todos os demais credores, provenha o vencimento da sentença de falência ou não, obedecidos os requisitos da legislação civil (art. 122). Assim, se duas pessoas forem ao mesmo tempo credoras e devedoras uma da outra, as duas obrigações extinguem-se, até onde se compensarem (CC, art. 368), ainda que isso implique preterição de outro crédito com preferência. Não se compensam, entretanto: I – os créditos transferidos após a decretação da falência, salvo em caso de sucessão por fusão, incorporação, cisão ou morte; II – os créditos, ainda que vencidos anteriormente, transferidos quando já conhecido o estado de crise econômico-financeira do devedor ou cuja transferência se operou com fraude ou dolo.

Na falência do espólio, ficará suspenso o processo de inventário, cabendo ao administrador judicial a realização de atos pendentes em relação aos direitos e obrigações da massa falida (art. 125).

Nas demais relações patrimoniais não reguladas expressamente pela lei falimentar, caberá ao juiz decidir atendendo aos princípios que regem o processo falimentar: unidade, universalidade do concurso e igualdade de tratamento dos credores (art. 126).

10.14. DOS EFEITOS DA FALÊNCIA COM RELAÇÃO AOS SÓCIOS DA SOCIEDADE FALIDA

Dispõe o art. 81 que a decisão que decreta a falência da sociedade com sócios ilimitadamente responsáveis também acarreta a falência destes, que ficam sujeitos aos mesmos efeitos jurídicos produzidos em relação à sociedade falida e, por isso, devem ser citados para apresentar contestação ao pedido de falência, se assim o desejarem.

Para que se entenda melhor o dispositivo citado e a extensão dos efeitos da falência sobre a pessoa dos sócios, devem ser lembrados alguns temas do direito empresarial.

Estão sujeitos à falência o empresário individual, a empresa individual de responsabilidade limitada e a sociedade empresária. Esta pode eleger uma das cinco espécies societárias disciplinadas no Código Civil, quais sejam: sociedade em nome coletivo (N/C), em comandita simples (C/S), por quotas de responsabilidade limitada (Ltda.), anônima (S.A.) e em comandita por ações (C/A). Dependendo da espécie societária adotada, a empresa poderá ter sócios com responsabilidade limitada ou ilimitada, isolada ou cumulativamente.

Como é sabido, pelo "princípio da autonomia patrimonial", os bens pertencentes à sociedade não se confundem com os bens particulares de seus sócios. A sociedade, pessoa jurídica, tem sempre responsabilidade direta e ilimitada pelas obrigações sociais. Isso quer dizer que o patrimônio da empresa responde, até que se esgote, se assim for preciso, pelo pagamento das obrigações por ela contraídas. Já a responsabilização pessoal dos sócios é sempre subsidiária, ou seja, somente ocorrerá após o exaurimento dos ativos da sociedade.

Essa responsabilidade subsidiária dos sócios poderá ser limitada ou ilimitada, dependendo do tipo societário adotado. As sociedades em nome coletivo somente possuem sócios com responsabilidade ilimitada. As sociedades em comandita simples e em comandita por ações são mistas, pois possuem tanto sócios com responsabilidade limitada (sócio comanditário e acionista comum, respectivamente), quanto sócios com responsabilidade ilimitada (sócio comanditado e acionista com cargo de administração, respectivamente). Nas sociedades por quotas de responsabilidade limitada (Ltda.) e nas sociedades anônimas (S.A.), todos os sócios possuem responsabilidade limitada.

A diferença é a seguinte:

a) Sócios com responsabilidade ilimitada: seu patrimônio pessoal responde pelas obrigações sociais até o seu exaurimento. Assim, se o patrimônio da sociedade for insuficiente para o pagamento de todos os credores, poderão ser arrecadados e vendidos todos os bens particulares desses sócios para o pagamento das obrigações restantes. Com esse esclarecimento, torna-se possível entender o art. 81, que dispõe que a decisão que decreta a falência da sociedade com sócios ilimitadamente responsáveis também acarreta a falência destes, que ficam sujeitos aos mesmos efeitos jurídicos produzidos em relação à sociedade falida. A finalidade do dispositivo é permitir que os bens pessoais desses credores sejam também arrecadados no procedimento falimentar, perdendo seu titular o direito de retenção sobre eles, uma vez que a lei presume que os ativos da empresa falida não serão suficientes para o pagamento integral dos credores.

Interessante salientar que, uma vez que os efeitos da decretação da falência se estendem aos sócios ilimitadamente responsáveis, sendo eles considerados também falidos, deverão seus credores particulares habilitar-se no processo falimentar, pois todo o patrimônio desse devedor estará em liquidação (art. 20). Pode-se dizer, portanto, que os sócios com responsabilidade ilimitada, muito embora não sejam sujeitos ativos ou passivos diretos do processo falimentar, sofrem, por determinação legal, seus efeitos como se fossem o próprio falido. Nesse sentido, veja-se o art. 190, o qual dispõe que todas as vezes que a lei se referir a devedor ou falido compreender-se-á que a disposição também se aplica aos sócios ilimitadamente responsáveis.

A regra do art. 81 aplica-se igualmente ao sócio que se tenha retirado voluntariamente ou que tenha sido excluído da sociedade há menos de 2 anos, quanto às dívidas existentes na data do arquivamento da alteração do contrato, no caso de não terem sido solvidas até a data da decretação da falência. O próprio Código Civil, em seu art. 1.032, determina que a retirada, exclusão ou morte de sócio não o exime, ou a seus herdeiros, da responsabilidade pelas obrigações sociais anteriores, até 2 anos após averbada a resolução da sociedade;

nem nos dois primeiros casos (retirada e exclusão), pelas posteriores e em igual prazo, enquanto não se requer a averbação.

b) **Sócios com responsabilidade limitada**: são aqueles cujo patrimônio pessoal responde por dívidas da empresa até o limite do valor do capital social por ele subscrito e ainda não integralizado. Lembre-se que ao ingressar em uma sociedade empresária o sócio subscreve quotas do capital social. Deverá, eSm seguida, pagar, ou seja, integralizar esse montante, podendo fazê-lo de forma parcelada. Caso o capital social de determinada empresa já esteja completamente integralizado por todos os sócios, eles não terão nenhuma responsabilidade pessoal pelas obrigações sociais caso o patrimônio da empresa falida não seja suficiente para o pagamento de todas as dívidas. Assim, exauridos os bens da empresa, o prejuízo será suportado pelos credores. Se, por outro lado, o sócio com responsabilidade limitada ainda não tiver integralizado todo o capital social por ele subscrito, e os bens da empresa forem insuficientes para pagar todos os credores, seu patrimônio pessoal responderá pelas dívidas até o valor faltante para alcançar referida integralização.

Quanto à integralização de capital social nas sociedades em comandita simples, em se tratando de sócio comanditário, e nas sociedades por quotas de responsabilidade limitada, o sócio, ainda que administrador, responde solidariamente com os demais pelo capital social total da empresa subscrito e não integralizado (CC, art. 1.052). Nas sociedades em comandita por ações, em se tratando de acionista comum, e nas sociedades anônimas a responsabilidade dos acionistas é limitada ao valor de emissão das ações subscritas ou adquiridas (Lei n. 6.404/76, art. 1º).

A ação de integralização poderá ser contra eles proposta, no âmbito do processo falimentar, tal como disposto no art. 82 da lei.

10.14.1. DESCONSIDERAÇÃO DA PERSONALIDADE JURÍDICA APÓS A DECRETAÇÃO DA FALÊNCIA

A autonomia patrimonial das pessoas jurídicas, aliada à limitação da responsabilidade dos sócios pelas obrigações sociais, pode ensejar fraudes. Alguns sócios, por exemplo, os representantes da empresa, podem celebrar contratos com terceiros, seja violando o contrato ou estatuto social, seja com abuso de direito, seja, ainda, usurpando a própria personalidade jurídica da sociedade, comprometendo o patrimônio que ela não possui. Em seguida, como esses sócios esconderam-se detrás da personalidade jurídica da sociedade, seus patrimônios particulares, em uma execução contra aquela, não seriam atingidos, ou o seriam apenas limitadamente. Assim, o terceiro, não podendo executar diretamente o patrimônio pessoal desses sócios, seria vítima do ilícito decorrente da fraude praticada, tendo de arcar com o prejuízo. Para coibir essa prática, a doutrina criou a chamada "teoria da desconsideração da personalidade jurídica" (*disregard of the legal entity*), também chamada de "teoria da penetração" ou "da superação". Por essa teoria, se provada a fraude no caso concreto, o juiz desconsidera a personalidade jurídica da sociedade e determina que seja atingido diretamente o patrimônio pessoal dos sócios, de forma ilimitada, até que sejam adimplidas as obrigações assumidas com terceiros. O Judiciário afasta a autonomia patrimonial da sociedade e a regra da limitação da responsabilidade dos sócios para que a fraude por eles praticada não gere prejuízos a terceiros.

A teoria da desconsideração da personalidade jurídica foi sendo aos poucos incorporada na legislação brasileira. Inicialmente foi introduzida no Código de Defesa do Consumidor (Lei n. 8.078/90). Dispõe o seu art. 28: "o juiz poderá desconsiderar a personalidade jurídica da sociedade quando, em detrimento do consumidor, houver abuso de direito, excesso de poder, infração da lei, fato ou ato ilícito ou violação dos estatutos ou contrato social. A desconsideração também será efetivada quando houver falência, estado de insolvência, encerramento ou inatividade da pessoa jurídica provocados por má administração".

Todavia, foi com o Código Civil de 2002 que a teoria da desconsideração da personalidade jurídica das sociedades teve sua inserção completa no ordenamento. A regra contida no estatuto civil tem aplicação genérica, estendendo-se a todos os casos de abuso da personalidade jurídica de uma sociedade. Rege o art. 50 que: "em caso de abuso da personalidade jurídica, caracterizado pelo desvio de finalidade, ou pela confusão patrimonial, pode o juiz decidir, a requerimento da parte, ou do Ministério Público quando lhe couber intervir no processo, que os efeitos de certas e determinadas relações de obrigações sejam estendidos aos bens particulares dos administradores ou sócios da pessoa jurídica".

Posteriormente, o art. 34 da Lei n. 12.529/2011, que trata da Defesa da Concorrência e da Prevenção e Repressão às Infrações Contra a Ordem Econômica, igualmente tratou do tema estabelecendo que "a personalidade jurídica do responsável por infração da ordem econômica poderá ser desconsiderada quando houver da parte deste abuso de direito, excesso de poder, infração da lei, fato ou ato ilícito ou violação dos estatutos ou do contrato social". Além disso, o seu parágrafo único prevê que "a desconsideração será também efetivada quando houver falência, estado de insolvência, encerramento ou inatividade da pessoa jurídica provocados por má administração".

Lembre-se de que, uma vez decretada a falência, para que os sócios com responsabilidade ilimitada tenham seu patrimônio vinculado ao pagamento das dívidas da empresa falida não é necessária a desconsideração da personalidade jurídica com comprovação de gestão fraudulenta, confusão patrimonial, violação de contrato ou estatuto social, má administração etc. Já em relação aos sócios com responsabilidade limitada, ainda que o capital social esteja totalmente integralizado, será possível que respondam pessoalmente pelas dívidas da empresa caso seja decretada a falência e seja desconsiderada a personalidade jurídica por haver restado demonstrado que a falência decorreu de má administração (ou por outra razão qualquer – fraude, desvio de finalidade etc.).

10.15. DA RESPONSABILIZAÇÃO DECORRENTE DE DOLO OU CULPA

Dispõe o art. 82 que a responsabilidade pessoal dos sócios de responsabilidade limitada, dos controladores e dos administradores da sociedade falida, estabelecida nas respectivas leis, será apurada no próprio juízo da falência, independentemente da realização do ativo e da prova da sua insuficiência para cobrir o passivo, observado o procedimento ordinário previsto no Código de Processo Civil.

O Código Civil, assim como a Lei de Sociedades Anônimas, elenca uma série de hipóteses em que os sócios das sociedades por quotas de responsabilidade limitada, os controladores das sociedades anônimas, assim como os administradores de sociedades empresárias, respondem pelos atos lesivos à empresa. Hipóteses em que ocorre essa responsabilização podem ser encontradas nos arts. 1.013, § 2º, 1.016 e 1.017 do Código Civil, bem como nos arts. 117 e 158 da Lei de Sociedades Anônimas (Lei n. 6.404/76). Deve ficar claro que essa responsabilização sempre dependerá de prova de dolo ou culpa do sócio, controlador ou administrador, e que a ação visando à sua responsabilização poderá ser ajuizada no próprio juízo falimentar, independentemente da realização do ativo e da prova de sua insuficiência para cobrir o passivo, observado-se o procedimento ordinário previsto do Código de Processo Civil (art. 82, *caput*). O juiz poderá, de ofício ou mediante requerimento das partes interessadas, ordenar a indisponibilidade de bens particulares dos réus, em quantidade compatível com o dano provocado, até o julgamento da ação (art. 82, § 2º). Essa medida, todavia, somente poderá ser adotada se houver fundado receio de frustração da execução da sentença e seu limite é o valor da indenização. Essa ação de responsabilização prescreve no prazo de 2 anos, contados do trânsito em julgado da sentença de encerramento da falência (§ 1º).

10.16. COOBRIGADOS

O credor de coobrigados solidários cujas falências sejam decretadas tem o direito de concorrer, em cada uma delas, pela totalidade do seu crédito, até recebê-lo por inteiro, quando então comunicará esse fato ao juízo (art. 127, *caput*). Nesse caso, se o credor ficar integralmente pago por uma ou por parte das massas coobrigadas, as que pagaram terão direito regressivo contra as demais, em relação à diferença entre o valor por ela efetivamente devido e o valor pago (art. 127, § 2º).

Se a soma dos valores pagos ao credor em todas as massas coobrigadas exceder o total do crédito, o valor será devolvido às massas, de forma proporcional (art. 127, § 3º).

Os coobrigados solventes e os garantes do devedor ou dos sócios ilimitadamente responsáveis podem habilitar o crédito correspondente às quantias pagas ou devidas, se o credor não se habilitar no prazo legal (art. 128).

10.17. DAS RESTRIÇÕES E DOS DEVERES IMPOSTOS À PESSOA FALIDA

A partir da decretação da falência fica o falido inabilitado para exercer qualquer atividade empresarial, restrição que só cessará com a sentença que extinguir suas obrigações (art. 102). Essa inabilitação terá, contudo, duração maior no caso de condenação por crime falimentar, pois, nesse caso, o art. 181, § 1º, estende seus efeitos pelo prazo de 5 anos a partir da extinção da pena, podendo, contudo, cessar em prazo anterior, se for concedida a reabilitação nos termos do art. 94 do Código Penal.

Cessados os efeitos da inabilitação, o falido poderá requerer ao juiz o cancelamento da anotação feita em seu registro por ocasião da prolação da sentença que decretou a quebra (art. 102, parágrafo único).

Com a decretação da falência, o devedor perde o direito de administrar os seus bens ou deles dispor (art. 103). Esses bens ficam sob a responsabilidade do administrador judicial e serão vendidos para o pagamento das dívidas da empresa. O falido poderá, contudo, fiscalizar a administração da falência, requerer as providências necessárias para a conservação de seus direitos ou dos bens arrecadados e intervir nos processos em que a massa falida seja parte ou interessada, requerendo o que for de direito e interpondo os recursos cabíveis (art. 103, parágrafo único).

O art. 104, por sua vez, estabelece que a decretação da falência impõe ao falido uma série de deveres:

1) Assinar nos autos, desde que intimado da decisão, termo de comparecimento, com a indicação do nome, nacionalidade, estado civil, endereço completo do domicílio, devendo ainda declarar, para constar do dito termo: **a)** as causas determinantes da sua falência, quando requerida pelos credores; **b)** tratando-se de sociedade, os nomes e endereços de todos os sócios, acionistas controladores, diretores ou administradores, apresentando o contrato ou estatuto social e a prova do respectivo registro, bem como suas alterações; **c)** o nome do contador encarregado da escrituração dos livros obrigatórios; **d)** os mandatos que porventura tenha outorgado, indicando seu objeto, nome e endereço do mandatário; **e)** seus bens imóveis e móveis que não se encontram no estabelecimento; **f)** se faz parte de outras sociedades, exibindo respectivo contrato; **g)** suas contas bancárias, aplicações, títulos em cobrança e processos em andamento em que for autor ou réu.

2) Depositar em cartório, no ato de assinatura do termo de comparecimento, os seus livros obrigatórios, a fim de serem entregues ao administrador judicial, depois de encerrados por termos assinados pelo juiz.

3) Não se ausentar do lugar onde se processa a falência sem motivo justo e comunicação expressa ao juiz e sem deixar procurador bastante, sob as penas cominadas na lei.

4) Comparecer a todos os atos da falência, podendo ser representado por procurador, quando não for indispensável sua presença.

5) Entregar, sem demora, todos os bens, livros, papéis e documentos ao administrador judicial, indicando-lhe, para serem arrecadados, os bens que porventura tenha em poder de terceiros.

6) Prestar as informações reclamadas pelo juiz, administrador judicial, credor ou Ministério Público sobre circunstâncias e fatos que interessem à falência.

7) Auxiliar o administrador judicial com zelo e presteza.

8) Examinar as habilitações de crédito apresentadas.

9) Assistir ao levantamento, à verificação do balanço e ao exame dos livros.

10) Manifestar-se sempre que for determinado pelo juiz.

11) Apresentar, no prazo fixado pelo juiz, a relação de seus credores.

12) Examinar e dar parecer sobre as contas do administrador judicial.

Se a falida é uma sociedade empresária, ficam responsáveis pelo cumprimento desses deveres os administradores. Faltando ao cumprimento de quaisquer dos deveres que a lei lhe impõe, após intimado pelo juiz a fazê-lo, responderá o falido ou o administrador por crime de desobediência.

10.18. DA INEFICÁCIA DE ATOS PRATICADOS ANTES DA FALÊNCIA

O art. 129 considera alguns atos ineficazes em relação à massa falida, tenha ou não o contratante conhecimento do estado de crise econômico-financeira do devedor, seja ou não intenção deste fraudar credores. Esses atos, para que sejam considerados ineficazes, devem ter sido praticados dentro de certo lapso temporal. Esse lapso pode ser o "termo legal da falência" – que tem uma duração variável de acordo com a decisão do juiz que decreta a quebra – ou outros estabelecidos especificamente na lei.

Como já mencionado, o termo legal é fixado pela sentença que decreta a falência e não pode exceder a 90 dias contados retroativamente do pedido de falência, do pedido de recuperação judicial ou do primeiro protesto por falta de pagamento lavrado contra o devedor, excluindo-se aqueles que foram cancelados (art. 99, II). O lapso fixado pelo juiz como termo legal pode ser inferior a 90 dias, pois, nos termos da lei, este é o período máximo.

O art. 129 diz que são considerados ineficazes perante a massa falida os seguintes atos realizados dentro do termo legal:

I – o pagamento de dívidas não vencidas realizado pelo devedor, por qualquer meio extintivo do direito de crédito, ainda que pelo desconto do próprio título;

II – o pagamento de dívidas vencidas e exigíveis realizado por qualquer forma que não seja a prevista pelo contrato;

III – a constituição de direito real de garantia, inclusive a retenção, tratando-se de dívida contraída anteriormente; se os bens dados em hipoteca forem objeto de outras posteriores, a massa falida receberá a parte que devia caber ao credor da hipoteca revogada; o art. 129, em seus demais incisos, determina a ineficácia de outros atos realizados em prazos diferenciados;

IV – prática de atos a título gratuito, desde 2 anos antes da decretação da falência;

V – renúncia à herança ou a legado, até 2 anos antes da decretação da falência (aplicável ao falido que seja empresário individual ou sócio solidariamente responsável);

VI – venda ou transferência de estabelecimento feita sem o consentimento expresso ou o pagamento de todos os credores a esse tempo existentes, não tendo restado ao devedor bens suficientes para solver o seu passivo, salvo se, no prazo de 30 dias, não houver oposição dos credores, após serem devidamente notificados, judicialmente ou pelo oficial do Registro de Títulos e Documentos (hipótese de trespasse irregular);

VII – registros de direitos reais e de transferência de propriedade entre vivos, por título oneroso ou gratuito, ou averbação relativa a imóveis realizados após a decretação da falência, salvo se tiver havido prenotação anterior.

Importante frisar que, se os itens I, II, III e VI tiverem sido aprovados no plano de recuperação judicial ou de recuperação extrajudicial, não serão declarados ineficazes.

A ineficácia dos atos enumerados poderá ser declarada de ofício pelo juiz, alegada em defesa ou pleiteada mediante ação própria ou incidentalmente no curso do processo falimentar.

10.19. DA REVOGAÇÃO DE ATOS REALIZADOS ANTES DA FALÊNCIA (AÇÃO REVOCATÓRIA)

O art. 130, por sua vez, dispõe que são revogáveis os atos praticados com a intenção de prejudicar credores, desde que se prove o conluio fraudulento entre o devedor e o terceiro que com ele contratar e o efetivo prejuízo sofrido pela massa falida.

Veja-se que em se tratando de atos ineficazes com relação à massa falida a lei impõe um período determinado de tempo e dispensa prova do intuito fraudulento contra seus credores. Por outro lado, quanto aos atos revogáveis, não existe uma delimitação de tempo, mas há exigência de prova do elemento subjetivo – conluio fraudulento entre o devedor e o terceiro que com ele contratou – e do elemento objetivo – efetivo prejuízo sofrido pela massa falida em razão do ato praticado.

A ação que visa revogar referidos atos recebeu o nome de ação revocatória. Trata-se de ação típica do procedimento falimentar que busca revogar atos lesivos aos credores, reunindo bens indevidamente dissipados, impedindo desfalques no ativo.

A ação revocatória deverá ser proposta pelo administrador judicial, por qualquer credor ou pelo Ministério Público no prazo de 3 anos contados da decretação da falência (art. 132). Ela pode ser promovida:

I – contra todos os que figuraram no ato ou que por efeito dele foram pagos, garantidos ou beneficiados;

II – contra os terceiros adquirentes, se tiveram conhecimento, ao se criar o direito, da intenção do devedor de prejudicar os credores;

III – contra os herdeiros ou legatários das pessoas indicadas nos incisos I e II.

A ação revocatória correrá perante o juízo da falência e obedecerá ao procedimento ordinário previsto no Código de Processo Civil (art. 134). A sentença que julgar procedente a ação revocatória determinará o retorno dos bens à massa falida em espécie, com todos os acessórios, ou o valor de mercado, acrescidos das perdas e danos. Contra ela cabe apelação.

O juiz poderá, a requerimento do autor da ação revocatória, ordenar, como medida preventiva, na forma da lei processual civil, o sequestro dos bens retirados do patrimônio do devedor que estejam em poder de terceiros (art. 137).

Algumas diferenças importantes podem ser notadas entre os atos ineficazes mencionados no art. 129 e os revogáveis tratados no art. 130 da lei. Os ineficazes são enumerados expressamente no texto legal; os revogáveis não. Os ineficazes devem ter sido realizados dentro de certos prazos também estabelecidos na lei, enquanto os revogáveis podem ter sido cometidos a qualquer tempo. Nos atos ineficazes não é exigido intuito fraudulento e a lei presume o prejuízo aos credores. Nos atos revogáveis é necessária prova do conluio fraudulento e do efetivo prejuízo acarretado à massa. Os atos ineficazes podem ser declarados de ofício pelo juiz, enquanto os revogáveis dependem da propositura da ação revocatória.

Reconhecida a ineficácia ou julgada procedente a ação revocatória, as partes retornarão ao estado anterior, e o contratante de boa-fé terá direito à restituição dos bens ou valores entregues ao devedor. Na hipótese de securitização de créditos do devedor, não será declarada a ineficácia ou revogado o ato de cessão em prejuízo dos direitos dos portadores de valores mobiliários emitidos pelo securitizador. É garantido ao terceiro de boa-fé, a qualquer tempo, propor ação por perdas e danos contra o devedor ou seus garantes (art. 136).

O ato pode ser declarado ineficaz ou revogado, ainda que praticado com base em decisão judicial, exceto se resultou de medida aprovada em plano de recuperação judicial. Revogado o ato ou declarada sua ineficácia, ficará rescindida a sentença que o motivou.

10.20. DA ARRECADAÇÃO E DA CUSTÓDIA DOS BENS

Arrecadação é o ato previsto no procedimento falimentar no qual o administrador judicial, representando a massa, entra na posse de todos os bens, livros fiscais e documentos da empresa falida.

Os bens ficarão sob a guarda do administrador até que, após a devida avaliação, sejam vendidos para que os valores obtidos possam ser utilizados no pagamento dos credores. É exatamente por essa razão que o art. 103 diz que, com a decretação da falência, o devedor perde o direito de administrar seus bens e deles dispor.

Os livros fiscais e demais documentos, por sua vez, servirão para que possa ser avaliada a real situação da empresa, bem como para o procedimento de verificação e habilitação de créditos, e ainda para eventual comprovação de crimes falimentares.

Se o falido for empresário individual, são arrecadados todos os seus bens; no caso de empresa individual de responsabilidade limitada, são arrecadados somente os bens da empresa; se for sociedade empresária, são arrecadados os bens da pessoa jurídica e dos sócios com responsabilidade ilimitada. Se a sociedade não possui sócios dessa categoria, como ocorre, por exemplo, com as sociedades por quotas de responsabilidade limitada (Ltda.) e sociedades anônimas (S.A.), não haverá qualquer arrecadação de bens pessoais dos sócios ou acionistas, mas apenas dos pertencentes à empresa falida, ainda que o capital social não esteja completamente integralizado, pois, nessa hipótese, caberá ao administrador judicial ajuizar a ação de integralização competente, no bojo do processo falimentar, conforme já estudado no item 10.14.

O art. 108 diz que, imediatamente após a assinatura do termo de compromisso, o administrador judicial deverá efetuar a arrecadação dos bens e documentos do devedor e proceder à avaliação desses bens, separadamente ou em bloco, no local em que se encontrarem, requerendo ao juiz, para esses fins, as medidas necessárias, como, por exemplo, autorização para contratação de profissional especializado em avaliação de bens de determinada natureza. Não sendo possível a avaliação dos bens no ato da arrecadação, o administrador judicial requererá ao juiz a concessão de prazo para apresentação do laudo de avaliação, que não poderá exceder 30 dias, contados da apresentação do auto de arrecadação (art. 110, § 1º). Ainda que a avaliação dos bens seja feita em bloco, o bem objeto de garantia real será avaliado separadamente (art. 108, § 5º).

O falido poderá acompanhar todo esse processo de arrecadação e avaliação dos seus bens (art. 108, § 2º).

O administrador judicial deverá, ainda, arrecadar toda espécie de bens, como os corpóreos, incorpóreos, móveis, imóveis, semoventes etc. Não podem, porém, ser arrecadados os bens considerados absolutamente impenhoráveis pela lei civil (art. 108, § 4º).

A arrecadação abrange os bens de propriedade do falido, bem como aqueles que não lhe pertencem, mas que estão em sua posse, como, por exemplo, objetos de contratos de locação ou comodato. Estes, obviamente, serão excluídos da massa falida objetiva mediante pedido de restituição por parte dos proprietários, hipótese em que a verificação do direito de propriedade e o deferimento da restituição ficarão a cargo do juiz e não do administrador (*vide* item 10.10).

O administrador judicial deverá também arrecadar os bens que sejam de propriedade do falido, mas que estejam na posse de terceiros.

Os bens do falido que estiverem penhorados em execuções individuais ou por outra forma apreendidos serão igualmente arrecadados pelo administrador judicial, que deverá requerer ao juiz que depreque às autoridades competentes, determinando sua entrega (art. 108, § 3º).

Os bens arrecadados ficarão sob a guarda do administrador judicial ou de pessoa por ele escolhida, sob responsabilidade daquele, podendo o falido ou qualquer de seus representantes ser nomeado depositário desses bens (art. 108, § 1º).

O estabelecimento empresarial será lacrado sempre que houver risco para a execução da etapa de arrecadação ou para a preservação dos bens da massa falida ou dos interesses dos credores (art. 109). Os bens arrecadados poderão também ser removidos, desde que haja necessidade de sua melhor guarda e conservação, permanecendo, nesse caso, em depósito, sob responsabilidade do administrador judicial, mediante compromisso (art. 112).

É possível que o administrador encontre resistência para proceder à arrecadação, hipótese em que poderá solicitar auxílio policial. Poderá, também, requerer medidas judiciais para assegurar a sua realização, como, por exemplo, o arrombamento das portas da empresa, as quais, porventura, tenham sido trancadas pelo devedor ou por seus empregados. Ao contrário do que ocorria na vigência da lei anterior, não há necessidade de o representante do Ministério Público acompanhar o ato de arrecadação.

O art. 104, V, dispõe que o falido deve colaborar com a arrecadação entregando, sem demora, todos os bens, livros e demais documentos ao administrador, bem como indicando bens que eventualmente estejam em poder de terceiros. A ocultação de bens constitui crime previsto no art. 173. Já a destruição ou ocultação de documentos contábeis constitui crime de fraude a credores previsto no art. 168, § 1º, III e V.

O administrador judicial elaborará o auto de arrecadação, composto pelo inventário e pelo respectivo laudo de avaliação dos bens, que será assinado por ele, pelo falido ou por seus representantes e pelas demais pessoas que auxiliaram ou presenciaram o ato (art. 110, *caput*). Serão referidos nesse inventário, quando possível, de forma individualizada (art. 110, § 2º):

I – os livros obrigatórios e os auxiliares ou facultativos do devedor, designando-se o estado em que se acham, número e denominação de cada um, páginas escrituradas, data do início da escrituração e do último lançamento, e se os livros obrigatórios estão revestidos das formalidades legais;

II – dinheiro, papéis, títulos de crédito, documentos e outros bens da massa falida;

III – os bens da massa falida em poder de terceiro, a título de guarda, depósito, penhor ou retenção;

IV – os bens indicados como propriedade de terceiros ou reclamados por estes, mencionando-se essa circunstância.

Em relação aos bens imóveis, o administrador judicial, no prazo de 15 dias após a sua arrecadação, exibirá as certidões de registro (matrículas), extraídas posteriormente à decretação da falência, com todas as indicações que nela constarem.

Ele poderá ainda, mediante autorização do Comitê, alugar ou celebrar outro contrato referente aos bens da massa falida, com o objetivo de produzir renda. Eventual contrato de locação celebrado não gera para o locatário direito de preferência na compra. Diz também a lei que essa locação não pode importar disposição total ou parcial dos bens para o locatário. O bem objeto da locação poderá ser alienado a qualquer tempo, independentemente do prazo contratado, rescindindo-se, sem direito a multa, o contrato realizado, salvo se houver anuência do adquirente para a continuidade da locação (art. 114).

10.21. DA REALIZAÇÃO DO ATIVO

A realização do ativo consiste, em regra, na venda dos bens arrecadados pelo administrador judicial, para que o dinheiro obtido seja empregado no pagamento dos credores.

A realização do ativo inicia-se logo após a arrecadação dos bens, com a juntada do respectivo auto ao processo de falência, ainda que não esteja consolidado o quadro-geral de credores (arts. 139 e 140, § 2º). Essa medida é positiva, pois diferentemente do que ocorria no sistema anterior, os bens não ficam por muito tempo depositados, sujeitos à deterioração ou perda de valor, evitando-se, ainda, oneração à massa com gastos com depósito ou manutenção desses bens.

De modo excepcional, a lei permite ao juiz que, ouvido o Comitê, autorize os credores, de forma individual ou coletiva, em razão dos custos e no interesse da massa falida, a adquirir ou adjudicar, de imediato, os bens arrecadados, pelo valor da avaliação, atendida a regra de classificação e preferência entre eles.

Excluindo-se a forma excepcional acima mencionada, a realização do ativo consistirá na alienação dos bens a terceiro. Essa alienação poderá dar-se por várias formas, de acordo com a ordem de preferência descrita no art. 140:

1) alienação da empresa, com a venda de seus estabelecimentos em bloco;
2) alienação da empresa, com a venda de suas filiais ou unidades produtivas isoladamente;
3) alienação em bloco dos bens que integram cada um dos estabelecimentos do devedor;
4) alienação dos bens individualmente considerados.

A alienação da empresa terá por objeto o conjunto de determinados bens necessários à operação rentável da unidade de produção, que poderá compreender a transferência de contratos específicos.

Nas transmissões de bens alienados que dependam de registro público, a este servirá como título aquisitivo suficiente o mandado judicial respectivo.

Claro que se convier à realização do ativo, ou em razão de oportunidade, podem ser adotadas mais de uma dessas formas de alienação (art. 140, § 1º).

O juiz, ouvido o administrador judicial e atendendo à orientação do Comitê, se houver, ordenará que a alienação se proceda sob uma das seguintes modalidades (art. 142):

1) leilão, por lances orais, em que se aplicam, no que couber, as regras do Código de Processo Civil;
2) propostas fechadas, mediante a entrega, em cartório e sob recibo, de envelopes lacrados, a serem abertos pelo juiz, no dia, hora e local designados no edital, lavrando o escrivão o auto respectivo, assinado pelos presentes, e juntando as propostas aos autos da falência;
3) pregão, que constitui modalidade híbrida das anteriores, e que comporta duas fases:
a) recebimento de propostas fechadas;
b) leilão, por lances orais, do qual participarão somente aqueles que apresentarem propostas não inferiores a 90% da maior proposta ofertada, ainda que inferior ao valor de avaliação.

Nessa hipótese, recebidas e abertas as propostas, o juiz ordenará a notificação dos ofertantes, cujas propostas atendam ao requisito da letra *b*, para comparecer ao leilão. O valor de abertura do leilão será o da proposta recebida do maior ofertante presente, considerando-se esse valor como lance, ao qual ele fica obrigado. Caso não compareça ao leilão o ofertante da maior proposta e não seja dado lance igual ou superior ao valor por ele ofertado, fica obrigado a prestar a diferença verificada, constituindo a respectiva certidão do juízo título executivo para a cobrança dos valores pelo administrador judicial.

Independentemente da modalidade de alienação eleita, deverá ser antecedida de anúncio publicado em jornal de ampla circulação, com 15 dias de antecedência, em se tratando de bens móveis, e com 30 dias na alienação da empresa ou de bens imóveis, facultada a divulgação por outros meios que contribuam para o amplo conhecimento da venda. Além disso, o Ministério Público será sempre intimado pessoalmente, devendo estar presente ao ato, sob pena de nulidade.

A venda se realiza pelo maior valor oferecido, ainda que seja inferior ao de avaliação. As quantias recebidas a qualquer título serão imediatamente depositadas em conta remunerada de instituição financeira, atendidos os requisitos da lei ou das normas de organização judiciária (arts. 142, § 2º, e 147).

Em qualquer das modalidades de alienação referidas poderão ser apresentadas impugnações por qualquer credor, pelo devedor ou pelo Ministério Público, no prazo de 48 horas da arrematação, hipótese em que os autos serão conclusos ao juiz, que, no prazo de 5 dias, decidirá sobre elas e, julgando-as improcedentes, ordenará a entrega dos bens ao arrematante, respeitadas as condições estabelecidas no edital (art. 143).

A alienação poderá ser feita por modalidade diversa daquelas elencadas no art. 142 (leilão, propostas fechadas ou pregão), nas seguintes hipóteses:

a) por autorização judicial, decorrente de requerimento fundamentado do administrador ou do Comitê, desde que a medida se mostre necessária (art. 144);

b) por homologação judicial, em razão de a assembleia geral de credores, pelo voto de 2/3 dos créditos presentes, ter aprovado proposta de forma alternativa de realização do ativo (arts. 46 e 145).

Em qualquer modalidade de realização do ativo adotada fica a massa falida dispensada da apresentação de certidões negativas (art. 146). Não fosse essa dispensa, a alienação do ativo ficaria inviabilizada porque dificilmente o falido teria certidões negativas de protestos, fiscais, previdenciárias ou judiciais.

Na alienação conjunta ou separada de ativos, inclusive da empresa ou de suas filiais, promovida sob qualquer das modalidades apontadas (art. 141):

I – todos os credores, observada a ordem de preferência definida no art. 83 da lei, sub-rogam-se no produto da realização do ativo;

II – o objeto da alienação estará livre de qualquer ônus e não haverá sucessão do arrematante nas obrigações do devedor, até mesmo as de natureza tributária, as derivadas da legislação do trabalho e as decorrentes de acidentes de trabalho, salvo quando o arrematante for: sócio da sociedade falida, ou sociedade controlada pelo falido; parente, em linha reta ou colateral até o 4º grau, consanguíneo ou afim, do falido ou de sócio da sociedade falida; ou identificado como agente do falido com o objetivo de fraudar a sucessão.

Os empregados do devedor contratados pelo arrematante serão admitidos mediante novos contratos de trabalho, não havendo responsabilização por obrigações decorrentes do contrato anterior. É vedada, também, a sucessão pelo arrematante em outras dívidas, atraindo-se, assim, número maior de interessados na aquisição.

Os bens perecíveis, deterioráveis, sujeitos a considerável desvalorização ou que sejam de conservação arriscada ou dispendiosa poderão ser vendidos antecipadamente, após a arrecadação e avaliação, mediante autorização judicial, ouvidos o Comitê e o falido no prazo de 48 horas (art. 113).

10.22. DO PAGAMENTO AOS CREDORES

Uma vez decretada a falência, o procedimento a ser observado é sempre o mesmo, ou seja, é feita a verificação e habilitação dos créditos para a elaboração do quadro-geral de credores, os bens são arrecadados e vendidos e, ao final, feitos os pagamentos e encerrada a falência.

Pela conjugação de diversos dispositivos da Lei de Falências, a ordem definitiva de pagamentos a ser observada é a seguinte: em primeiro lugar são pagos os salários dos trabalhadores vencidos nos 3 meses anteriores à decretação da quebra, até o limite de 5 salários mínimos (art. 151). Em seguida são efetuados os pagamentos das restituições em dinheiro (art. 86, parágrafo único). Na sequência são pagos os créditos extraconcursais de acordo com a ordem do art. 84, e, por fim, os créditos concursais de acordo com a ordem de preferência do art. 83. Se houver saldo, será entregue ao falido.

O juiz, após a realização do ativo, fixa prazo para o levantamento do dinheiro pelos credores. Caso não efetuem o levantamento no prazo, serão intimados a fazê-lo em um novo prazo, de 60 dias, que é fatal, havendo perda do direito se não concretizado o levantamento (art. 149, § 2º).

Conforme já estudado, existem algumas hipóteses em que é determinada a reserva de importâncias, de modo que os valores a ela relativos devem ficar depositados até o julgamento definitivo do crédito. Os outros credores poderão ser pagos, mas a quantia reservada permanece intocável até o julgamento final. Se porventura o crédito não for reconhecido, no todo ou em parte, os recursos depositados serão objeto de rateio suplementar entre os credores remanescentes (art. 149, § 1º).

10.23. DO ENCERRAMENTO DA FALÊNCIA

Após a realização do ativo e a distribuição do produto entre os credores, restarão algumas providências finais antes do encerramento da falência.

Primeiro, o administrador judicial deverá apresentar suas contas ao juiz em um prazo de 30 dias (art. 154). Essas contas deverão estar acompanhadas dos respectivos documentos comprobatórios e serão prestadas em autos apartados, que, ao final, serão apensados aos autos da falência (§ 1º). Ao receber a prestação de contas, o juiz ordenará a publicação de aviso de que os documentos se encontram à disposição dos interessados, que poderão impugná-las no prazo de 10 dias, questionando qualquer procedimento do administrador (§ 2º). Decorrido o prazo do aviso e realizadas as diligências necessárias à apuração dos fatos, o juiz intimará o Ministério Público para manifestar-se no prazo de 5 dias, findo o qual o administrador judicial será ouvido se houver impugnação ou parecer contrário do Ministério Público (§ 3º). Por fim, o juiz julgará as contas por sentença (§ 4º). Se as contas forem rejeitadas, o juiz fixará as responsabilidades do administrador judicial, podendo, inclusive, determinar a indisponibilidade ou o sequestro de seus bens, decisão que servirá como título executivo para indenização da massa (§ 5º). Contra a decisão que aprova ou rejeita as contas do administrador cabe recurso de apelação (§ 6º).

Lembre-se que o art. 23 dispõe que, se o administrador não apresentar suas contas dentro do prazo, será intimado a fazê-lo no prazo de 5 dias, sob pena de desobediência, e, se mesmo assim não as apresentar, será destituído, cabendo ao juiz nomear administrador substituto para apresentação dessas contas.

Depois do julgamento das contas, o art. 155 determina que o administrador deverá apresentar o relatório final da falência no prazo de 10 dias, indicando: a) o valor do ativo e do produto de sua realização; b) o valor do passivo; c) o valor dos pagamentos feitos aos credores; d) as responsabilidades com que continuará o falido em caso de insuficiência no pagamento dos credores. Apresentado o relatório final, o juiz encerrará a falência por sentença (art. 156). Essa sentença será publicada por edital e contra ela caberá apelação (art. 156, parágrafo único).

O prazo prescricional relativo às obrigações do falido, que estava suspenso desde a decretação da falência, recomeça a correr a partir do dia em que transitar em julgado a sentença que declarar seu encerramento (art. 157).

10.24. EXTINÇÃO DAS OBRIGAÇÕES DO FALIDO

Se, por ocasião da sentença que encerra a falência, as dívidas do falido já haviam sido pagas, o juiz, concomitantemente, declara a extinção de suas obrigações. Havendo, porém, créditos remanescentes, a sentença de encerramento da falência não extingue as obrigações do devedor. Nesse caso, os credores remanescentes poderão executar individualmente o devedor, servindo a certidão do juízo falimentar como título executório.

De acordo com o art. 158, a extinção das obrigações do devedor ocorrerá:

1) pelo pagamento de todos os créditos remanescentes;

2) pelo pagamento, depois de realizado todo o ativo, de mais de 50% dos créditos quirografários, sendo facultado ao falido o depósito

da quantia necessária para atingir essa porcentagem se para tanto não bastou a integral liquidação do ativo;

3) pelo decurso do prazo de 5 anos, contado do encerramento da falência, se o falido não tiver sido condenado por prática de crime previsto na lei;

4) pelo decurso do prazo de 10 anos, contado do encerramento da falência, se o falido tiver sido condenado por prática de crime previsto na lei.

Configurada qualquer dessas hipóteses, o falido poderá requerer ao juízo da falência que suas obrigações sejam declaradas extintas por sentença (art. 159). O requerimento será autuado em apartado com os respectivos documentos e publicado por edital no órgão oficial e em jornal de grande circulação (§ 1º), sendo que, no prazo de 30 dias, qualquer credor poderá opor-se ao pedido do falido (§ 2º). Findo o prazo, o juiz, em 5 dias, proferirá sentença e, se o requerimento for anterior ao encerramento da falência, declarará extintas as obrigações na sentença de encerramento (§ 3º). A sentença que declarar extintas as obrigações será comunicada a todas as pessoas e entidades informadas da decretação da falência (§ 4º). Da sentença cabe apelação (§ 5º) e, após seu trânsito em julgado, os autos serão apensados aos da falência (§ 6º).

Verificada a prescrição ou extintas as obrigações, o sócio de responsabilidade ilimitada também poderá requerer que seja declarada por sentença a extinção de suas obrigações na falência (art. 160).

Quadro sinótico

Massa falida objetiva e subjetiva	Massa falida objetiva: é o conjunto de bens do falido e dos sócios com responsabilidade ilimitada que são arrecadados no processo falimentar para serem vendidos e os valores utilizados no pagamento dos credores. Massa falida subjetiva: é o conjunto de credores do falido (empresário individual, empresa individual de responsabilidade limitada ou sociedade empresária) ou dos sócios ilimitadamente responsáveis, ou seja, todos aqueles que integram o quadro-geral de credores.

Efeitos da falência com relação às obrigações e contratos do devedor	Principais efeitos: – o vencimento antecipado das dívidas do falido e dos sócios ilimitada e solidariamente responsáveis; – os sócios com responsabilidade ilimitada, assim como os solidariamente responsáveis, serão considerados também falidos; – suspensão do exercício do direito de retenção sobre os bens sujeitos à arrecadação, os quais deverão ser entregues ao administrador judicial; – suspensão, por parte dos sócios da sociedade falida, do exercício do direito de retirada ou de recebimento do valor de suas quotas ou ações; – o vendedor não pode obstar a entrega das coisas expedidas ao devedor, e ainda em trânsito, se o comprador, antes do requerimento da falência, as tiver revendido, sem fraude, à vista das faturas e conhecimentos de transporte entregues ou remetidos pelo vendedor. Os efeitos sobre outros contratos bilaterais e unilaterais do devedor estão elencados nos arts. 117 a 119.
Efeitos da falência com relação aos sócios da sociedade falida	a) Sócios com responsabilidade ilimitada: seu patrimônio pessoal responde pelas obrigações sociais até o seu exaurimento, caso os bens da empresa não sejam suficientes para o pagamento dos credores. b) Sócios com responsabilidade limitada: seu patrimônio pessoal responde por dívidas da empresa até o limite do valor do capital social por ele subscrito e ainda não integralizado, caso os bens da empresa não sejam suficientes para o pagamento dos credores. Poderá, entretanto, responder de forma ilimitada, se for desconsiderada judicialmente a personalidade jurídica da empresa, se demonstrado que a falência decorreu de má administração, fraude, desvio de finalidade etc.
Restrições e deveres impostos à pessoa falida	Principais restrições: – inabilitação para exercer qualquer atividade empresarial; – perda do direito de administrar os seus bens ou deles dispor, sendo que estes deverão ficar sob a responsabilidade do administrador judicial. Deveres do falido: 1) assinar nos autos termo de comparecimento, desde que intimado da decisão; 2) depositar em cartório os seus livros obrigatórios, a fim de serem entregues ao administrador judicial;

Restrições e deveres impostos à pessoa falida	3) não se ausentar do lugar onde se processa a falência; 4) comparecer a todos os atos da falência, podendo ser representado por procurador; 5) entregar todos os bens, livros, papéis e documentos ao administrador judicial; 6) prestar informações; 7) auxiliar o administrador judicial; 8) examinar as habilitações de crédito apresentadas; 9) assistir ao levantamento, à verificação do balanço e ao exame dos livros; 10) manifestar-se sempre que for determinado pelo juiz; 11) apresentar a relação de seus credores; 12) examinar e dar parecer sobre as contas do administrador judicial.
Ineficácia de atos praticados antes da falência	Os atos ineficazes estão taxativamente previstos no art. 129.
Revogação de atos realizados antes da falência (ação revocatória)	São revogáveis os atos praticados com a intenção de prejudicar credores, desde que se prove o conluio fraudulento entre o devedor e o terceiro que com ele contratou e o efetivo prejuízo sofrido pela massa falida (art. 130). Ação revocatória: ação típica do procedimento falimentar que busca revogar atos lesivos aos credores, reunindo bens indevidamente dissipados, impedindo desfalques no ativo. Características: – Ela pode ser proposta pelo administrador judicial, por qualquer credor ou pelo Ministério Público no prazo de 3 anos contados da decretação da falência (art. 132). Correrá perante o juízo da falência e deverá seguir o rito ordinário. – A sentença procedente na ação revocatória determinará o retorno dos bens à massa falida em espécie, com todos os acessórios, ou o valor de mercado, acrescidos das perdas e danos. – Recurso cabível na ação revocatória – apelação.
Arrecadação e custódia dos bens	Arrecadação: é o ato previsto no procedimento falimentar no qual o administrador judicial, representando a massa, entra na posse de todos os bens, livros fiscais e documentos da empresa falida.

Arrecadação e custódia dos bens	Objeto da arrecadação: toda espécie de bens, como os corpóreos, incorpóreos, móveis, imóveis, semoventes etc., exceto os bens considerados absolutamente impenhoráveis pela lei civil (art. 108, § 4º). Características da arrecadação: – Os bens arrecadados ficarão sob a guarda do administrador judicial ou de pessoa por ele escolhida. – O estabelecimento empresarial poderá ser lacrado sempre que houver risco para a execução da etapa de arrecadação ou para a preservação dos bens da massa falida ou dos interesses dos credores (art. 109). – Os bens poderão, ainda, ser removidos visando a sua guarda e conservação (art. 112).
Realização do ativo	Consiste na venda dos bens arrecadados pelo administrador judicial, para que o dinheiro obtido seja empregado no pagamento dos credores. Inicia-se logo após a arrecadação dos bens e se apresenta sob diversas modalidades sendo que, em qualquer uma delas, é dispensada a apresentação de certidões negativas pela massa falida.
Pagamento aos credores	Ordem para os pagamentos: **1)** os salários dos trabalhadores vencidos nos 3 meses anteriores à decretação da quebra, até o limite de 5 salários mínimos (art. 151); **2)** as restituições em dinheiro (art. 86, parágrafo único); **3)** os créditos extraconcursais de acordo com a ordem do art. 84; **4)** os créditos concursais de acordo com a ordem de preferência do art. 83.
Encerramento da falência	Ocorre logo após o relatório final apresentado pelo administrador, quando o juiz profere sentença declarando o encerramento da falência, sendo esta, então, publicada por edital. Tal sentença pode ser contestada por meio de apelação (art. 156, parágrafo único). O prazo prescricional, que estava suspenso desde a decretação da falência, recomeça a correr a partir do dia em que transitar em julgado a sentença que declarar seu encerramento (art. 157).

Extinção das obrigações do falido	A extinção das obrigações do devedor ocorrerá (art.158): **1)** pelo pagamento de todos os créditos remanescentes; **2)** pelo pagamento, depois de realizado todo o ativo, de mais de 50% dos créditos quirografários; **3)** pelo decurso do prazo de 5 anos, contado do encerramento da falência; **4)** pelo decurso do prazo de 10 anos, contado do encerramento da falência, se o falido tiver sido condenado por prática de crime previsto na lei.

11 DISPOSIÇÕES PENAIS

11.1. DOS CRIMES EM ESPÉCIE

A Lei n. 11.101/2005 contém um rol tipificando diversos crimes de natureza falimentar e, em seguida, uma série de regras específicas em relação a esses crimes, que os diferenciam dos delitos comuns, bem como regulamenta o procedimento penal apuratório para essas infrações penais.

11.1.1. FRAUDE A CREDORES

> Art. 168. Praticar, antes ou depois da sentença que decretar a falência, conceder a recuperação judicial ou homologar a recuperação extrajudicial, ato fraudulento de que resulte ou possa resultar prejuízo aos credores, com o fim de obter ou assegurar vantagem indevida para si ou para outrem.
>
> Pena – reclusão, de três a seis anos, e multa.
>
> Aumento da pena
>
> § 1º A pena aumenta-se de um sexto a um terço, se o agente:
>
> I – elabora escrituração contábil ou balanço com dados inexatos;
>
> II – omite, na escrituração contábil ou no balanço, lançamento que deles deveria constar, ou altera escrituração ou balanço verdadeiros;
>
> III – destrói, apaga ou corrompe dados contábeis ou negociais armazenados em computador ou sistema informatizado;
>
> IV – simula a composição do capital social;
>
> V – destrói, oculta ou inutiliza, total ou parcialmente, os documentos de escrituração contábil obrigatórios.
>
> Contabilidade paralela
>
> § 2º A pena é aumentada de um terço até metade se o devedor manteve ou movimentou recursos ou valores paralelamente à contabilidade exigida pela legislação.
>
> Concurso de pessoas

§ 3º Nas mesmas penas incidem os contadores, técnicos contábeis, auditores e outros profissionais que, de qualquer modo, concorrerem para as condutas criminosas descritas neste artigo, na medida de sua culpabilidade.

Redução ou substituição da pena

§ 4º Tratando-se de falência de microempresa ou de empresa de pequeno porte, e não se constatando prática habitual de condutas fraudulentas por parte do falido, poderá o juiz reduzir a pena de reclusão de um terço a dois terços ou substituí-la pelas penas restritivas de direitos, pelas de perda de bens e valores ou pelas de prestação de serviços à comunidade ou a entidades públicas.

Esse crime possui alguma semelhança com o delito de estelionato previsto no art. 171, *caput*, do Código Penal, na medida em que também pressupõe o emprego de fraude visando à obtenção de vantagem ilícita. Existem, porém, inúmeras diferenças. No estelionato comum, o sujeito ativo pode ser qualquer pessoa (empresário ou não). No crime falimentar, o sujeito ativo, evidentemente, é empresário, e sua configuração pressupõe a decretação da quebra ou a homologação da recuperação, o que não existe no estelionato. Ademais, se a fraude empregada pelo empresário visar a credor determinado e não tiver o condão de colocar em perigo o patrimônio da universalidade dos credores, estará caracterizado o estelionato, na medida em que o tipo penal do art. 168 da Lei de Falências pressupõe que, do ato fraudulento, "resulte ou possa resultar prejuízo aos credores" (note-se que a palavra está no plural), referindo-se, pois, à coletividade dos credores. O estelionato comum, além disso, só se consuma com a efetiva obtenção da vantagem ilícita em prejuízo alheio, sendo, assim, crime material, enquanto o crime falimentar é formal, consumando-se no instante em que o agente pratica o ato fraudulento, independentemente da efetiva obtenção da vantagem visada. O fato constitui crime porque: **a)** a fraude colocou em risco o patrimônio dos credores em geral; **b)** a falência foi decretada ou concedida a recuperação judicial ou homologada a extrajudicial.

A pena do estelionato comum é de reclusão, de 1 a 5 anos, enquanto para o crime falimentar a pena é de reclusão, de 3 a 6 anos.

O crime em análise, nos expressos termos da lei, pode ser cometido antes ou depois da decretação da quebra ou da concessão da recuperação judicial ou homologação da extrajudicial. Na primeira hipótese, todavia, a punição depende de sua superveniência.

São apontadas como fraudes configuradoras do delito falimentar: a hipoteca conferida com ânimo fraudulento, a venda e revenda simulada de mercadorias, a exclusão de sócio do contrato social da empresa para que não tenha de responder com seu patrimônio pessoal pelas dívidas, a simulação de dívidas, a dilapidação do patrimônio garantidor das dívidas etc. Além disso, o art. 168, em seu § 1º, estabelece que certas fraudes são mais graves, e, por isso, a pena será aumentada de 1/6 a 1/3. É o que ocorre quando o agente elabora escrituração contábil ou balanço com dados inexatos (inciso I); omite, na escrituração contábil ou no balanço, lançamento que deles deveria constar, ou altera escrituração ou balanço verdadeiros (inciso II); destrói, apaga ou corrompe dados contábeis ou negociais armazenados em computador ou sistema informatizado (inciso III); simula a composição do capital social (inciso IV); destrói, oculta ou inutiliza, total ou parcialmente, os documentos de escrituração contábil obrigatórios (inciso V). Note-se que essas condutas não são agravantes de fraude anteriores, podendo constituir a própria fraude caracterizadora do ilícito penal. No que diz respeito à escrituração contábil, mencionada no inciso II, não há como confundi-la com o crime descrito no art. 178, denominado "omissão dos documentos contábeis obrigatórios", já que este possui pena muito menor e é expressamente subsidiário, configurando-se apenas quando a omissão não tiver sido feita pelo empresário de forma fraudulenta. Em suma, se a omissão dos documentos tiver a finalidade de prejudicar credores, estará configurado o crime de fraude contra credores do art. 168, mas, se não demonstrada tal intenção, estará configurado o crime do art. 178.

O sujeito ativo do crime de fraude contra credores pode ser o devedor ou falido e também os contadores, técnicos contábeis, auditores e outros profissionais, que, de qualquer modo, concorram para as condutas criminosas. É o que expressamente dispõe o art. 168, § 3º.

Contabilidade paralela. Dispõe o § 2º que a pena será aumentada de 1/3 até 1/2 se o devedor manteve ou movimentou recursos ou valores paralelamente à contabilidade exigida pela legislação. Significa que a pena da pessoa condenada por fraude contra credores será aumentada se ficar demonstrado que ela, em algum momento da atividade empresarial, manteve o chamado "caixa 2".

Figura privilegiada. Estabelece o § 4º que, tratando-se de falência de microempresa ou de empresa de pequeno porte, e não se constatando prática habitual de condutas fraudulentas por parte do falido, poderá o juiz reduzir a pena de reclusão de 1/3 a 2/3 ou substituí-la pelas penas restritivas de direitos, perda de bens e valores ou prestação de serviços à comunidade ou a entidades públicas. Para fazer jus aos benefícios, o dispositivo exige que, além de se enquadrar no conceito legal de microempresário ou empresário de pequeno porte, o agente não tenha cometido reiteradamente condutas fraudulentas. Presentes os requisitos legais, o juiz terá duas opções: reduzir a pena ou substituí-la. Não é muito lembrar, todavia, que o art. 44, I, do Código Penal, com a redação que lhe foi dada pela Lei n. 9.714/98, já permite, em qualquer crime, a substituição da pena privativa de liberdade por restritiva de direitos quando a pena aplicada não for superior a 4 anos, o crime não tiver sido cometido com violência ou grave ameaça (requisito sempre presente nos crimes falimentares), e a culpabilidade, os antecedentes, a conduta social e a personalidade do condenado, bem como os motivos e circunstâncias do crime, indicarem que essa substituição é suficiente.

11.1.2. VIOLAÇÃO DE SIGILO EMPRESARIAL

> Art. 169. Violar, explorar ou divulgar, sem justa causa, sigilo empresarial ou dados confidenciais sobre operações ou serviços, contribuindo para a condução do devedor a estado de inviabilidade econômica ou financeira:
> Pena – reclusão, de dois a quatro anos, e multa.

Essa infração penal constitui inovação da nova Lei de Falências, pois não existia figura similar na legislação anterior. Pune-se quem tem conhecimento de informação sigilosa ou confidencial e a revela, fazendo com que essa revelação de alguma forma contribua para levar o empresário ao estado de inviabilidade econômica ou financeira.

Cuida-se de crime pré-falimentar e material, uma vez que se exige prova de que a revelação da informação sigilosa efetivamente contribuiu para levar o devedor a um estado de insolvência. O crime é falimentar impróprio, podendo ser cometido por qualquer pessoa (empregados da empresa ou credores, p. ex.). Sujeito passivo é o devedor, bem como os credores eventualmente prejudicados.

11.1.3. DIVULGAÇÃO DE INFORMAÇÕES FALSAS

> Art. 170. Divulgar ou propalar, por qualquer meio, informação falsa sobre devedor em recuperação judicial, com o fim de levá-lo à falência ou de obter vantagem:
>
> Pena – reclusão, de dois a quatro anos, e multa.

O crime em análise pressupõe que o devedor já esteja em processo de recuperação judicial e que o agente, querendo levá-lo à falência ou visando à obtenção de alguma vantagem, divulgue ou propale informação falsa. A divulgação pode dar-se, nos termos da lei, por qualquer meio (forma verbal ou escrita, em conversas ou até mesmo por meio da imprensa). É necessário que a informação seja falsa e o agente saiba disso. Ademais, é preciso que efetue a divulgação com a intenção específica de levar o devedor à quebra ou de obter alguma vantagem (elemento subjetivo do tipo). O crime é formal, pois consuma-se no momento da divulgação, ainda que o agente não consiga atingir o que pretendia. Um exemplo desse crime é a divulgação de que o devedor perdeu o crédito bancário que possuía e, por tal razão, não poderá efetuar os pagamentos nas datas aprazadas. O sujeito ativo pode ser qualquer pessoa e o passivo é o devedor, bem como os credores que possam sofrer prejuízo.

11.1.4. INDUÇÃO A ERRO

> Art. 171. Sonegar ou omitir informações ou prestar informações falsas no processo de falência, de recuperação judicial ou de recuperação extrajudicial, com o fim de induzir a erro o juiz, o Ministério Público, os credores, a assembleia geral de credores, o Comitê ou o administrador judicial:
>
> Pena – reclusão, de dois a quatro anos, e multa.

Cuida-se de crime similar ao de fraude processual previsto no art. 347 do Código Penal, porém específico do procedimento falimentar, em que o agente deixa de prestar informações devidas ou presta informações falsas com intenção de induzir em erro uma das pessoas enumeradas no tipo penal. Comete o crime um perito que apresenta uma avaliação falsa, o administrador judicial que apresenta um relatório com informações falsas etc. O sujeito ativo, assim, pode ser qualquer pessoa, isto é, o próprio devedor ou outras pessoas que intervenham no processo falimentar ou de recuperação da empresa. O delito em análise é pós-falimentar e formal, ou seja, consuma-se no momento em que a informação que deveria ser prestada é sonegada, ou quando o agente presta a informação falsa, ainda que a farsa seja descoberta. Não é necessário, portanto, que o agente consiga enganar o juiz, o Ministério Público etc.

11.1.5. FAVORECIMENTO DE CREDORES

Art. 172. Praticar, antes ou depois da sentença que decretar a falência, conceder a recuperação judicial ou homologar plano de recuperação extrajudicial, ato de disposição ou oneração patrimonial ou gerador de obrigação, destinado a favorecer um ou mais credores em prejuízo dos demais:

Pena – reclusão, de dois a cinco anos, e multa.

Parágrafo único. Nas mesmas penas incorre o credor que, em conluio, possa beneficiar-se de ato previsto no *caput* deste artigo.

A existência dessa infração penal pode ser considerada supérflua, na medida em que, em sua ausência, as condutas poderiam enquadrar-se nos crimes de fraude a credores (art. 168) ou desvio de bens (art. 173). Considerando, porém, que o tipo penal foi criado, deve ele ser considerado especial em relação aos outros, que só terão aplicação nas hipóteses remanescentes.

O crime de favorecimento a credores, portanto, estará tipificado quando o agente realizar ato de disposição de bem da empresa, ou de oneração patrimonial, ou, ainda, gerador de obrigação. Exs.: doação, pagamento adiantado de dívida, reconhecimento de dívida etc. É necessário, porém, que o faça com a específica intenção de favorecer um ou mais credores em prejuízo dos demais, pois, sem isso, a conduta se enquadraria no crime genérico de fraude a credores.

Comete o crime de favorecimento a credores, por exemplo, o devedor que, ciente de seu estado de insolvência, e sabendo que os bens da empresa serão vendidos após a decretação da quebra, e que o valor obtido será rateado entre os credores, paga todas suas dívidas em relação a um deles, causando, assim, redução no patrimônio da empresa garantidor de suas dívidas.

O parágrafo único do art. 172 dispõe que incorre nas mesmas penas o credor que, agindo em conluio com o devedor, possa beneficiar-se da conduta. Se o beneficiário não for credor, a conduta pode, eventualmente, enquadrar-se no crime de aquisição ou recebimento de bem (art. 174).

O crime de favorecimento a credores pode ser cometido antes ou depois da sentença que decreta a falência ou concede a recuperação judicial, ou homologa a recuperação extrajudicial. Assim, não só o devedor pode ser sujeito ativo. O administrador judicial nomeado após a falência, que pague antecipadamente um dos credores para beneficiá-lo, incide no crime em tela.

O delito se consuma no momento da ação visando ao favorecimento do credor, independentemente da efetiva locupletação por parte deste. Trata-se de crime formal.

11.1.6. DESVIO, OCULTAÇÃO OU APROPRIAÇÃO DE BENS

> Art. 173. Apropriar-se, desviar ou ocultar bens pertencentes ao devedor sob recuperação judicial ou à massa falida, inclusive por meio da aquisição por interposta pessoa:
> Pena – reclusão, de dois a quatro anos, e multa.

Os bens da empresa em situação de falência ou recuperação judicial constituem garantia aos credores, pois, se necessário, serão vendidos e o valor obtido será utilizado no pagamento das dívidas. Para a existência do ilícito penal, porém, não é necessário que a conduta tenha efetivamente causado prejuízo aos credores, ou seja, ainda que todos venham a ser ressarcidos, haverá crime se ficar constatado o desvio de algum bem antes disso. Por isso, o falido que, imediatamente após a quebra, retira maquinário da empresa e o leva para outra de sua propriedade comete o crime, na modalidade desvio. Caso esconda os bens para que não sejam arrecadados, comete ocultação. É, ainda, possível, que o administrador, por exemplo, se aproprie dos bens que estava obrigado a arrecadar para que fossem levados à praça, cometendo, assim, o crime na modalidade de apropriação. Nota-se, portanto, que o sujeito ativo pode ser o falido ou outra pessoa qualquer.

O crime em análise é pós-falimentar, pois o tipo penal expressamente exige que o fato ocorra após a decretação da falência ou homologação da recuperação judicial, de modo que eventual desvio de bens antes da decretação da falência poderá configurar o crime de fraude contra credores do art. 168.

É também necessário que o bem desviado seja pertencente à empresa. Assim, se o bem pertence a terceiro, pode-se estar diante de crime comum de apropriação indébita.

A lei esclarece que o crime se configura ainda que haja aquisição do bem por interposta pessoa, ou seja, se o agente desvia um bem simulando a venda a terceira pessoa, ainda que parente ou cônjuge. Essa pessoa, aliás, é partícipe do crime e também incide na figura penal.

11.1.7. AQUISIÇÃO, RECEBIMENTO OU USO ILEGAL DE BENS

> Art. 174. Adquirir, receber, usar, ilicitamente, bem que sabe pertencer à massa falida ou influir para que terceiro, de boa-fé, o adquira, receba ou use:
> Pena – reclusão, de dois a quatro anos, e multa.

Cuida-se, também, de crime pós-falimentar, que, em suas modalidades "adquirir" e "receber", possui correlação com o delito previsto no artigo anterior, constituindo uma figura especial de receptação, pois, conforme exige o próprio tipo penal, a aquisição deve ocorrer de forma ilícita. A aquisição de que trata a lei nesse dispositivo é a efetiva e não a simulada. É necessário que o agente tenha plena ciência da procedência do bem, sendo, assim, compatível apenas com a figura do dolo direto. O crime se consuma no exato instante em que o agente adquire ou recebe o bem.

Inovação importante da nova Lei de Falências é a criminalização da conduta de usar, ilicitamente, bem pertencente à massa falida, pois é comum, ante a demora do procedimento falimentar, que depositários ou administradores, sem autorização, passem a utilizar bens da massa.

A figura "influir para que terceiro de boa-fé adquira, receba ou use bem pertencente à massa falida" constitui infração similar ao crime de receptação imprópria previsto no art. 180, *caput*, segunda parte, do Código Penal, que se tipifica quando o agente, ciente de que se trata de objeto pertencente à massa falida, propõe a terceiro, que desconhece tal procedência, que adquira, receba ou use o bem. Pela redação do dispositivo, nota-se que, nessa modalidade, o crime é formal, consumando-se no momento da proposta, ainda que o terceiro de boa-fé não adquira, receba ou use o bem.

11.1.8. HABILITAÇÃO ILEGAL DE CRÉDITO

> Art. 175. Apresentar, em falência, recuperação judicial ou recuperação extrajudicial, relação de créditos, habilitação de créditos ou reclamação falsas, ou juntar a elas título falso ou simulado:
>
> Pena – reclusão, de dois a quatro anos, e multa.

A conduta típica consiste em, com intenção de locupletamento ilícito, ou seja, de receber valores que não lhe são devidos, utilizar, mediante apresentação ou juntada, na falência ou na recuperação judicial ou extrajudicial, relação de crédito, habilitação de crédito ou reclamações falsas (trabalhista, p. ex.), ou título falso ou simulado (duplicatas falsas, p. ex.). O delito, que é pós-falimentar, pode ser cometido por qualquer pessoa, até pelo administrador judicial, que, por exemplo, apresente relação de créditos falsa, e também pelo devedor, sendo, assim, crime falimentar impróprio. O crime se consuma no momento do uso, independentemente da efetiva obtenção de vantagem econômica.

Por se tratar de crime especial, absorve o delito de uso de documento material ou ideologicamente falso, previsto no art. 304 do Código Penal.

11.1.9. EXERCÍCIO ILEGAL DE ATIVIDADE

Art. 176. Exercer atividade para a qual foi inabilitado ou incapacitado por decisão judicial, nos termos desta Lei:

Pena – reclusão, de um a quatro anos, e multa.

A premissa dessa infração penal é a existência de uma decisão judicial inabilitando ou incapacitando o devedor para o exercício de alguma atividade. Veja-se, por exemplo, o art. 181, I, da Lei n. 11.101/2005, que estabelece que o juiz pode, ao condenar o empresário por crime falimentar anterior, decretar sua inabilitação para o exercício de atividade empresarial, vedação que perdurará pelo prazo de 5 anos após o término do cumprimento da pena. Se, dentro desse prazo, o agente exercer a atividade, responderá por nova infração penal falimentar. No exemplo em análise, aliás, ele será considerado reincidente.

Trata-se de crime pós-falimentar.

O crime se consuma no momento em que o agente exerce a atividade que lhe foi proibida.

A infração penal é considerada crime falimentar próprio, pois é cometida pelo falido.

Por possuir pena mínima de 1 ano, não há dúvida de que essa infração penal admite a suspensão condicional do processo, nos termos do art. 89 da Lei n. 9.099/95.

11.1.10. VIOLAÇÃO DE IMPEDIMENTO

Art. 177. Adquirir o juiz, o representante do Ministério Público, o administrador judicial, o gestor judicial, o perito, o avaliador, o escrivão, o oficial de justiça ou o leiloeiro, por si ou por interposta pessoa, bens de massa falida ou de devedor em recuperação judicial, ou, em relação a estes, entrar em alguma especulação de lucro, quando tenham atuado nos respectivos processos:

Pena – reclusão, de dois a quatro anos, e multa.

A fim de manter a lisura do processo falimentar e deixá-lo isento de suspeitas, a lei proíbe que certas pessoas, que tenham atuado no processo, adquiram bens da massa falida ou de devedor em recuperação judicial, ou, em relação a estes, entrem em alguma especulação de lucro (compra de ações da empresa na Bolsa de Valores, p. ex.). Para a configuração do delito, não é necessário que a negociação tenha, de alguma forma, beneficiado o agente ou prejudicado o devedor, pois trata-se de crime de consumação antecipada, que se tipifica pela simples violação do impedimento. A tentativa é possível (tentativa de aquisição, p. ex.).

A conduta, na classificação geral das infrações penais, enquadra-se no conceito de crime próprio, pois só pode ser cometido pelas pessoas elencadas na lei: juízes e membros do Ministério Público, de qualquer instância, administrador ou gestor judicial, perito, avaliador, oficial de justiça ou leiloeiro, que tenham atuado no feito. Dentro da classificação específica dos crimes falimentares, a conduta se enquadra como crime falimentar impróprio, pois é cometido por pessoa diversa da figura do devedor ou falido.

Trata-se de crime pós-falimentar.

11.1.11. OMISSÃO DOS DOCUMENTOS CONTÁBEIS OBRIGATÓRIOS

> Art. 178. Deixar de elaborar, escriturar ou autenticar, antes ou depois da sentença que decretar a falência, conceder a recuperação judicial ou homologar o plano de recuperação extrajudicial, os documentos de escrituração contábil obrigatórios:
>
> Pena – detenção, de um a dois anos, e multa, se o fato não constitui crime mais grave.

Trata-se de crime puramente omissivo que consiste em o empresário não documentar, no exercício de suas atividades, os atos de comércio a que, por lei, está obrigado. Ex.: inexistência ou omissões no Livro Diário ou de Registro de Duplicatas. Com a omissão, na maioria das vezes, torna-se difícil analisar o seu proceder durante o período anterior à quebra, o que, por si só, já justifica a reprimenda. Como os documentos são obrigatórios, a desídia leva à responsabilização criminal do empresário e, eventualmente, do contabilista responsável, se comprovado que concorreu dolosamente para o delito, nos termos dos arts. 168, § 3º, da Lei de Falências, e 29 do Código Penal.

Cuida-se de delito de perigo abstrato em que, para a punição do agente, basta a prova da omissão, sendo desnecessário que o fato tenha efetivamente concorrido para a quebra.

Em se tratando de crime omissivo próprio, não admite a tentativa.

Este é o único crime falimentar que se enquadra no conceito de infração de menor potencial ofensivo, já que sua pena máxima não supera 2 anos (art. 61 da Lei n. 9.099/95, com a redação dada pela Lei n. 11.313/2006). Em razão disso, antes do oferecimento da denúncia, o Ministério Público deve analisar a possibilidade de propor a transação penal.

Trata-se de crime expressamente subsidiário, pois, ao cuidar de sua pena, o legislador explicitamente mencionou que tal delito fica absorvido se o fato constituir crime mais grave. Ex.: crime de fraude contra credores agravado pela omissão na escrituração contábil (art. 168, § 1º, II).

11.2. DISPOSIÇÕES COMUNS

11.2.1. SUJEITO ATIVO

No que se refere ao estudo do sujeito ativo dos crimes falimentares, existe interessante classificação doutrinária que subdivide o tema em crimes falimentares próprios e impróprios. Na primeira categoria encontram-se os crimes cometidos pelo próprio devedor (falido), não se podendo esquecer, outrossim, que o art. 179 da Lei n. 11.101/2005 dispõe que, "na falência, na recuperação judicial e na recuperação extrajudicial de sociedades, os seus sócios, diretores, gerentes, administradores e conselheiros, de fato ou de direito, bem como o administrador judicial, equiparam-se ao devedor ou falido para todos os efeitos penais decorrentes desta Lei, na medida de sua culpabilidade". Assim, crimes falimentares próprios são aqueles praticados pelo falido unilateralmente ou em concurso com as pessoas mencionadas no art. 179, desde que comprovado o envolvimento destes na conduta ilícita. Os crimes de fraude contra credores (art. 168) ou favorecimento de credores (art. 172), dentre outros, incluem-

-se nessa categoria. Os crimes falimentares impróprios são aqueles cometidos por outras pessoas que, por alguma razão, têm algum vínculo com a falência. Exs.: crime de divulgação de informação falsa (art. 170); crime de habilitação ilegal de crédito (art. 175). Interessante chamar a atenção para o crime de violação de impedimento (art. 177), que só pode ser cometido pelo juiz, representante do Ministério Público, administrador ou gestor judicial, perito, avaliador, escrivão, oficial de justiça ou leiloeiro que adquira bem da massa falida ou de devedor em recuperação judicial. Tal delito é falimentar impróprio, pois não é cometido pelo falido, mas, dentro da classificação geral dos crimes, é definido como crime próprio, pois só pode ser cometido por pessoas que detêm uma certa qualidade (elencada no próprio texto legal).

É perfeitamente possível a coautoria e a participação nos crimes falimentares. Veja-se, por exemplo, o art. 168, § 3º, que expressamente declara que, no crime de fraude contra credores, incorrem nas mesmas penas do falido os contadores, técnicos contábeis, auditores e outros profissionais que, de qualquer modo, tenham concorrido para as condutas criminosas, na medida de sua culpabilidade.

11.2.2. CONDIÇÃO OBJETIVA DE PUNIBILIDADE

> Art. 180. A sentença que decreta a falência, concede a recuperação judicial ou concede a recuperação extrajudicial de que trata o art. 163 desta Lei é condição objetiva de punibilidade das infrações penais descritas nesta Lei.

Condições objetivas de punibilidade são circunstâncias que não constam da descrição típica do delito e que, por essa razão, estão fora do dolo do agente no momento em que realiza a conduta. A própria lei, entretanto, subordina a punição do acusado à sua existência. Ex.: o art. 178 da nova Lei de Falências incrimina quem "deixa de elaborar, escriturar ou autenticar, antes ou depois da sentença que decretar a falência, conceder a recuperação judicial ou homologar o plano de recuperação extrajudicial, os documentos de escrituração contábil obrigatórios". O empresário, contudo, só poderá ser punido pela omissão se efetivamente for decretada, por sentença, a falência ou a recuperação judicial, ou, ainda, se for homologado, também por sentença, o plano de recuperação extrajudicial. Tais sentenças, portanto, constituem condições objetivas de punibilidade, como, aliás, expressamente esclarece o art. 180 da nova Lei de Falências. Em outras palavras, se a fiscalização constata a falta de escrituração, mas está ausente a condição objetiva de punibilidade, ou seja, se não foi decretada a falência ou a recuperação judicial, ou homologada a recuperação extrajudicial, não é possível a punição por crime falimentar. O empresário, em tal caso, só poderá ser punido pela contravenção descrita no art. 49 da LCP, que consiste em infringir determinação legal relativa à escrituração de indústria, comércio ou outra atividade. A pena prevista para tal contravenção é apenas de multa.

A doutrina classifica os crimes da Lei n. 11.101/2005 em:

a) antefalimentares (ou pré-falimentares), que são aqueles em que a conduta típica é realizada antes da decretação da falência ou da homologação da recuperação. Ex.: crime de violação de sigilo empresarial (art. 169). Conforme já explicado, embora a conduta típica ocorra antes da decisão judicial, a punição do agente está condicionada à sua existência, por se tratar de condição objetiva de punibilidade;

b) pós-falimentares, que são aqueles em que a conduta típica é realizada após tais decisões. Ex.: crime de violação de impedimento (art. 177).

A maioria dos crimes da Lei n. 11.101/2005 pode, todavia, ser praticada antes e depois da quebra. Vejam-se, por exemplo, os crimes de fraude contra credores (art. 168) e omissão de documentos contábeis obrigatórios (art. 178), em que os tipos penais expressamente mencionam as duas possibilidades.

11.2.3. EFEITOS DA CONDENAÇÃO

É sabido que o efeito principal da condenação é a imposição da pena prevista na própria norma incriminadora, que, no caso dos crimes falimentares são as penas privativas de liberdade (reclusão ou detenção) e a multa. Não se pode esquecer, outrossim, a possibilidade de aplicação subsidiária do Código Penal aos crimes falimentares (art. 12 do CP), sendo, assim, viável a substituição da pena privativa de liberdade aplicada na sentença por multa, nas condenações iguais ou inferiores a um ano, ou por uma pena restritiva de direitos e multa ou duas penas restritivas de direitos, nas condenações superiores a um ano e não superiores a 4 (art. 44, § 2º, do CP). Essas substituições são possíveis se o réu não for reincidente em crime doloso e se a culpabilidade, os antecedentes, a conduta social, a personalidade do condenado, bem como os motivos e circunstâncias do delito, indicarem que a substituição é suficiente (art. 44, II e III, do CP).

Além disso, o art. 181 da Lei de Falências elenca outros efeitos da condenação por crime falimentar, a saber:

I – a inabilitação para o exercício de atividade empresarial;

II – o impedimento para o exercício de cargo ou função em conselho de administração, diretoria ou gerência das sociedades sujeitas a esta Lei;

III – a impossibilidade de gerir empresa por mandato ou por gestão de negócio.

A intenção do dispositivo é evitar que o empresário falido volte a exercer suas atividades ou a administrar ou gerenciar sociedade empresária, de forma direta ou indireta. Esses efeitos, porém, não são automáticos, devendo ser motivadamente declarados pelo juiz na sentença, e perdurarão até 5 anos após a extinção da punibilidade, ou seja, após o cumprimento da pena ou da decretação da prescrição, podendo, contudo, cessar antes pela reabilitação penal (art. 181, § 1º). A reabilitação está regulamentada no art. 94 do Código Penal, e pode ser obtida 2 anos após o término da pena, desde que o agente tenha mantido domicílio no País durante referido período, tenha demonstrado bom comportamento e, principalmente, tenha ressarcido os credores ou demonstrado a impossibilidade de fazê-lo, ou, ainda, exibido documento que comprove a renúncia da vítima ou a novação da dívida.

De acordo com o art. 181, § 2º, da Lei de Falências, transitada em julgado a sentença penal condenatória, será notificado o Registro Público de Empresas para que tome as medidas necessárias para impedir novo registro em nome dos inabilitados. Nos termos da própria lei, a intenção é impedir que o condenado volte a exercer suas atividades em outra empresa durante o prazo de 5 anos. Difícil, porém, será impedir que a exerça de maneira informal – sem registro.

11.2.4. PRESCRIÇÃO

O art. 182 da Lei de Falências estabelece que a prescrição dos crimes nesta previstos rege-se pelas regras do Código Penal a respeito do tema, e começa a ser contada do dia da decretação da falência, da concessão da recuperação judicial ou da homologação do plano de recuperação extrajudicial.

Afastadas, portanto, as regras específicas previstas no Decreto-Lei n. 7.661/45, em torno do tema prescricional, em relação aos crimes falimentares cometidos a partir da entrada em vigor da nova Lei de Falências. Pelo regime anterior, qualquer que fosse a pena prevista para o crime falimentar, a prescrição ocorreria no prazo de 4 anos da decretação da falência.

No atual sistema, o prazo da prescrição da pretensão punitiva – antes do trânsito em julgado da sentença condenatória – rege-se pelo montante máximo da pena em abstrato, de acordo com a tabela do art. 109 do Código Penal. Assim, exemplificativamente, no crime de omissão de documentos contábeis obrigatórios (art. 178), que tem pena máxima de 2 anos, a prescrição se dá em 4 anos; no delito de desvio de bens (art. 173), que tem pena máxima de 4 anos, a prescrição ocorre em 8 anos; no crime de fraude a credores (art. 168), a prescrição se dá em 12 anos, porque a pena máxima é de 6 anos. A Lei de Falências, porém, traz uma regra importante que diferencia os crimes falimentares das demais infrações penais. Com efeito, nestas, o prazo começa a correr da data da consumação do delito, enquanto nos falimentares, o art. 182 dispõe que o prazo começa a ser contado do dia da decretação da falência, da concessão da recuperação judicial ou da homologação do plano de recuperação extrajudicial, que, nos termos do art. 180, constituem condições objetivas de punibilidade. Assim, se um empresário cometeu um ato de favorecimento a credor, que caracteriza crime falimentar previsto no art. 172, no dia 10 de março de 2006, mas sua falência só veio a ser decretada no dia 15 de fevereiro de 2007, o prazo prescricional, de 12 anos, só terá começado a correr desta última data. É preciso salientar, todavia, que, em se tratando de crime pós-falimentar – cometido após a sentença –, o prazo prescricional só começará a fluir da data da consumação (momento em que for realizada a conduta típica), pois não se pode conceber que a prescrição de um delito já esteja em andamento antes mesmo de ser ele cometido.

Nos crimes pré-falimentares, o prazo prescricional fica suspenso quando for interposto recurso contra a decisão que decretou a falência, nos termos do art. 116, I, do Código Penal, que dispõe que a prescrição não corre enquanto não resolvida, em outro processo, questão de que dependa o reconhecimento da existência do crime. Confirmada a falência, o prazo volta a fluir.

As causas interruptivas da prescrição, como o recebimento da denúncia e a sentença condenatória, aplicam-se também aos crimes falimentares, sendo de ressaltar, contudo, a regra especial do art. 182, parágrafo único, da Lei n. 11.101/2005, que estabelece que o prazo prescricional que se tenha iniciado com a concessão da recuperação judicial ou com a homologação do plano de recuperação extrajudicial interrompe-se com a decretação da falência do devedor.

As regras atinentes à prescrição da pena – prescrição da pretensão executória – também seguem a tabela do art. 109 do Código Penal, de modo que a pena de uma pessoa condenada a 2 anos prescreve em 4, e a pena de alguém condenado a 3 anos prescreve em 8. Quando a pena de multa for a única aplicada, no caso de multa substitutiva por exemplo, a prescrição da pena ocorrerá em 2 anos (art. 114, I, do CP), mas, em se tratando de multa aplicada cumulativamente com pena privativa de liberdade, a multa prescreverá concomitantemente com esta (art. 114, II, do CP).

11.2.5. UNIDADE DO CRIME FALIMENTAR

A teoria da unidade ou unicidade do crime falimentar, aceita durante a vigência do Decreto-Lei n. 7.661/45, estabelecia que, ainda que o falido tivesse realizado condutas que se enquadrassem em dois ou mais tipos penais falimentares, responderia por crime único, pois constituiriam eles fases sucessivas que teriam gerado uma única falência. Nesse caso, a pena a ser aplicada seria a do crime mais grave. A embasar esse entendimento, existia, no art. 192 do decreto, dispositivo determinando a aplicação do concurso formal apenas se a conduta ilícita envolvesse crime falimentar e delito de outra natureza.

Com o advento da nova lei essa teoria não mais se sustenta, na medida em que nela não existe dispositivo semelhante ao do referido art. 192. Essa é também a opinião de Hélvio Simões Vidal (Os tipos penais na nova Lei de Falências e Recuperação Judicial, artigo inserto em *De Jure – Revista do Ministério Público de Minas Gerais*, n. 6, p. 214--216) e de Arthur Migliari Júnior (*Crimes de recuperação de empresas e de falências*, São Paulo: Quartier Latin, 2006, p. 106-107). Tal conclusão, todavia, embora seja óbvia, quando envolver a prática, por uma mesma pessoa, de crimes pré e pós-falimentares, só ficará sedimentada, em definitivo, após a análise dos tribunais, principalmente quando envolver duas ou mais condutas ilícitas anteriores à decretação da quebra, pois certamente continuarão existindo defensores da tese de que os vários atos contribuíram para um único resultado – a falência – e, por isso, deve haver condenação por crime único. Resta esperar.

11.3. DO PROCEDIMENTO PENAL

11.3.1. COMPETÊNCIA

Art. 183. Compete ao juiz criminal da jurisdição onde tenha sido decretada a falência, concedida a recuperação judicial ou homologado o plano de recuperação extrajudicial, conhecer da ação penal pelos crimes previstos nesta Lei.

Encontra-se aqui uma exceção à regra do Código de Processo Penal que estabelece como regra de competência o foro do local da consumação do delito. Pela nova Lei de Falências, a competência é do juízo criminal da comarca onde tenha sido decretada a quebra ou a recuperação. Nos termos do art. 3º dessa lei, "é competente para homologar o plano de recuperação extrajudicial, deferir a recuperação judicial ou decretar a falência o juízo do local do principal estabelecimento do devedor ou da filial de empresa que tenha sede fora do Brasil". Assim, se uma empresa nacional tem sua sede na cidade de Belo Horizonte e em tal localidade é decretada a falência, a competência para apurar crimes falimentares é do juízo criminal de Belo Horizonte, ainda que o crime de desvio de bens (art. 173) tenha sido praticado, por exemplo, em Ouro Preto.

Esse dispositivo, ao estabelecer a competência das varas criminais, em detrimento da vara da falência, é tachado, por alguns autores, de inconstitucional, por ferir o art. 24, § 1º, da Constituição Federal, que estabelece que a União deve legislar apenas sobre normas gerais quando tiver legitimidade concorrente com os Estados – como acontece nos procedimentos de esfera processual – em que a distribuição da competência cabe a estes, por meio da Lei de Organização Judiciária. Veja-se, porém, que essa questão é facilmente resolvida, pois nada obsta a que leis estaduais atribuam ao juízo universal da falência competência também para atuar na esfera criminal, hipótese em que tal juízo terá, de forma concorrente, competência na área falimentar e na área criminal respectiva. Como o art. 183 da Lei de Falências não impede que leis estaduais efetuem divisão de competência no âmbito dos Estados, torna-se desnecessário tachá-la de inconstitucional.

A competência para apurar e julgar crime falimentar é da Justiça Estadual.

11.3.2. AÇÃO PENAL

> Art. 184. Os crimes previstos nesta Lei são de ação penal pública incondicionada.
>
> Parágrafo único. Decorrido o prazo a que se refere o art. 187, § 1º, sem que o representante do Ministério Público ofereça denúncia, qualquer credor habilitado ou o administrador judicial poderá oferecer ação penal privada subsidiária da pública, observado o prazo decadencial de 6 (seis) meses.

A regra do art. 184 é de que a iniciativa e a titularidade da ação penal, em qualquer dos crimes falimentares, é do Ministério Público, que independe de qualquer condição especial para o oferecimento de denúncia, desde que existam indícios de autoria e de materialidade. É claro, entretanto, que as condições gerais da ação devem estar presentes: legitimidade de partes, interesse de agir e possibilidade jurídica do pedido. Não é possível, além disso, oferecer denúncia antes da sentença que decreta a falência ou concede a recuperação, já que, nos termos do art. 180 da nova Lei de Falências, essas decisões constituem condição objetiva de punibilidade.

O prazo para o Ministério Público oferecer denúncia está regulamentado no art. 187 da lei, e se, dentro deste prazo, o Ministério Público ficar inerte – não oferecendo denúncia e tampouco requerendo o arquivamento do inquérito policial ou das peças de informação, ou determinando novas diligências –, poderá o credor habilitado ou o administrador judicial mover a chamada ação privada subsidiária da pública, mediante o oferecimento da "queixa subsidiária", que deve conter os mesmos requisitos de uma denúncia (art. 41 do CPP). O direito de oferecer essa espécie de queixa inicia-se com o término do prazo do Ministério Público, estabelecido no art. 187, § 1º, da lei, e se estende pelos 6 meses seguintes. Findo o prazo, ocorre decadência do direito de oferecer a queixa subsidiária. O Ministério Público, porém, continua podendo oferecer denúncia, desde que ainda não tenha ocorrido a prescrição.

Ressalte-se que, embora os crimes falimentares sejam de ação pública incondicionada e que o art. 129, I, da Constituição Federal atribua ao Ministério Público a titularidade exclusiva em tal espécie de infração penal, não existe inconstitucionalidade na possibilidade de propositura da ação privada subsidiária da pública em caso de inércia do Ministério Público, já que o art. 5º, LIX, da própria Constituição dispõe que "será admitida ação privada nos crimes de ação pública, se esta não for intentada no prazo legal".

11.3.3. PROCEDIMENTO INVESTIGATÓRIO E RITO PROCESSUAL

Art. 185. Recebida a denúncia ou a queixa, observar-se-á o rito previsto nos arts. 531 a 540 do Código de Processo Penal.

Art. 186. No relatório previsto na alínea *e* do inciso III do *caput* do art. 22 desta Lei, o administrador judicial apresentará ao juiz da falência exposição circunstanciada, considerando as causas da falência, o procedimento do devedor, antes e depois da sentença, e outras informações detalhadas a respeito da conduta do devedor e de outros responsáveis, se houver, por atos que possam constituir crime relacionado com a recuperação judicial ou com a falência, ou outro delito conexo a estes.

Parágrafo único. A exposição circunstanciada será instruída com laudo do contador encarregado do exame da escrituração do devedor.

Art. 187. Intimado da sentença que decreta a falência ou concede a recuperação judicial, o Ministério Público, verificando a ocorrência de qualquer crime previsto nesta Lei, promoverá imediatamente a competente ação penal ou, se entender necessário, requisitará a abertura de inquérito policial.

§ 1º O prazo para oferecimento da denúncia regula-se pelo art. 46 do Decreto-Lei n. 3.689, de 3 de outubro de 1941 – Código de Processo Penal, salvo se o Ministério Público, estando o réu solto ou afiançado, decidir aguardar a apresentação da exposição circunstanciada de que trata o art. 186 desta Lei, devendo, em seguida, oferecer a denúncia em 15 (quinze) dias.

§ 2º Em qualquer fase processual, surgindo indícios da prática dos crimes previstos nesta Lei, o juiz da falência ou da recuperação judicial ou da recuperação extrajudicial cientificará o Ministério Público.

Uma vez decretada a falência ou concedida a recuperação judicial, o Ministério Público terá vista dos autos, sendo, assim, intimado da decisão. Nessa ocasião, o promotor de justiça analisará o feito e, caso constate a existência de crime falimentar, deverá, de imediato, oferecer denúncia, ou, se entender necessários novos esclarecimentos, requisitar inquérito policial. O Ministério Público tem prazo de 15 dias para se manifestar, podendo, todavia, o promotor de justiça requerer que se aguarde a apresentação do relatório circunstanciado a que se refere o art. 22, III, *e*, da nova Lei de Falências, no qual o administrador judicial nomeado deverá apontar as causas e circunstâncias da falência, bem como o procedimento do devedor, antes e depois de sua decretação, e ainda detalhar outras informações a respeito de sua conduta e de outros responsáveis, se houver, por atos que possam constituir crime relacionado com a recuperação judicial ou com a falência, ou outro delito conexo a estes. Essa exposição circunstanciada deverá ser acompanhada de laudo do contador encarregado do exame da escrituração do devedor. Em suma, ao ser intimado da decretação da falência, o Ministério Público, se já estiver convencido da existência de crime, poderá, de imediato, oferecer denúncia, mas se entender que é conveniente, poderá requisitar inquérito policial, ou, se o investigado estiver solto, aguardar o relatório do administrador judicial, para, só então, manifestar-se. Na última hipótese, deve-se esclarecer que o administrador tem prazo de 40 dias, prorrogável por igual período, a contar da data em que assinou o termo de compromisso, para apresentar referido relatório. Após receber o relatório, o promotor de justiça tem prazo de 15 dias para oferecer denúncia. Findo esse prazo sem que o promotor se tenha manifestado, qualquer credor habilitado ou o administrador judicial nomeado poderá ingressar com a queixa subsidiária (ver comentários ao art. 184, parágrafo único).

Saliente-se que, no momento em que o Ministério Público é intimado da sentença, caso se convença de que não há elementos a respeito da existência de crime falimentar, não deve, de imediato, se pronunciar, devendo aguardar o relatório do administrador, que poderá trazer novos elementos de convicção. Ao receber esse relatório, caso continue convicto da inexistência de infração penal falimentar, deve-se manifestar nesse sentido, situação em que poderá o juiz concordar com o não oferecimento da denúncia, ou discordar da manifestação do promotor, hipótese em que aplicará a regra do art. 28 do Código de Processo Penal, remetendo os autos ao procurador-geral de justiça. O chefe da Instituição, então, terá duas opções, podendo concordar com o promotor, insistindo na não ocorrência do delito, ou dele discordar, oferecendo denúncia ou designando outro promotor de justiça para fazê-lo. Igual procedimento ocorrerá se, em qualquer momento, o promotor requisitar inquérito policial e, após a sua conclusão, requerer seu arquivamento.

Observação: a regra do art. 187, § 2º, é semelhante àquela já existente no art. 40 do Código de Processo Penal. Em verdade, o que estabelece o dispositivo é que, se o magistrado, durante o transcorrer da falência ou do procedimento de recuperação, verificar a possibilidade de ter havido crime falimentar, não constatado em uma das oportunidades apuratórias anteriormente estudadas, remeterá ao Ministério Público as cópias e documentos necessários para a apreciação, sendo que este poderá, de imediato, oferecer denúncia, se entender que já existem indícios suficientes de autoria e materialidade, requisitar inquérito policial, se verificar a necessidade de novos esclarecimentos, ou, então, requerer o arquivamento das peças de informação recebidas.

Em qualquer caso, uma vez oferecida, e recebida, denúncia ou queixa subsidiária por crime falimentar, deverá ser observado o rito previsto nos arts. 531 a 540 do Código de Processo Penal. Se houver rejeição, é cabível o recurso em sentido estrito (art. 581, I, do CPP).

O rito dos arts. 531 a 540 do Código de Processo Penal é chamado de "rito sumário" e passou por grandes alterações em decorrência da Lei n. 11.719/2008. Após essas modificações, tal rito passou a ser aplicável, em regra, aos crimes que tenham pena máxima superior a 2 e inferior a 4 anos. No caso dos crimes falimentares, entretanto, a adoção do rito sumário decorre de previsão expressa nesse sentido no art. 185 da Lei de Falências, ainda que para o crime falimentar haja previsão de pena máxima igual ou superior a 4 anos, como ocorre, aliás, em quase todos eles (arts. 168 a 177). A finalidade, evidentemente, é a de conferir celeridade ao procedimento que apura crime falimentar.

O crime de "omissão dos documentos contábeis obrigatórios" (art. 178), por possuir pena máxima de 2 anos, excepcionalmente não seguirá o rito sumário, uma vez que, por se enquadrar no conceito de infração de menor potencial ofensivo do art. 61 da Lei n. 9.099/95, deve seguir o rito sumaríssimo nela regulamentado. Note-se que, apesar de o art. 185 da lei falimentar determinar o rito sumário aos crimes nela previstos, o art. 98, I, da Constituição Federal, estabelece que, para as infrações de menor potencial ofensivo assim definidas em lei, será adotado o rito sumaríssimo, sendo óbvio que a norma constitucional prevalece no confronto com a da Lei de Falências.

Em suma, os crimes falimentares adotam o rito sumário, exceto aquele previsto no art. 178, que segue o rito sumaríssimo.

Para o crime de "exercício ilegal de atividade" (art. 176), é cabível o benefício da suspensão condicional do processo, previsto no art. 89 da Lei n. 9.099/95, uma vez que sua pena mínima não excede 1 ano.

Rito sumário. Os arts. 531 a 540 do Código de Processo Penal, com as alterações da Lei n. 11.719/2008, regulamentam o rito sumário. Veja-se, todavia, que a fase inicial do rito sumário é a mesma do rito ordinário, na medida em que o art. 394, § 4º, do CPP, estabelece que as disposições dos arts. 395 a 398 (rito ordinário) devem ser aplicadas a todos os procedimentos de primeiro grau. Assim, o rito sumário, em verdade, decorre da combinação dos arts. 395 a 398 e 531 a 540 do CPP.

Uma vez recebida a denúncia ou a queixa subsidiária, o juiz determinará a citação do acusado para responder à acusação, por escrito, no prazo de 10 dias. Nessa resposta, ele poderá arguir preliminares (prescrição, por exemplo) e alegar tudo o que interessa à sua defesa, podendo, inclusive, oferecer documentos e justificações, além de arrolar até oito testemunhas, qualificando-as e requerendo sua intimação quando necessário (ou indicando que elas comparecerão à audiência independentemente de intimação). As testemunhas de acusação devem ser arroladas na denúncia ou queixa.

Se com a resposta escrita for oposta alguma exceção (impedimento, suspeição, incompetência do juízo, litispendência ou coisa julgada), ela deverá ser processada em autos apartados e julgada de acordo com as regras previstas nos arts. 95 a 112 do Código de Processo Penal.

Se o réu, citado pessoalmente, não apresentar resposta ou não constituir defensor, o juiz nomeará defensor para oferecê-la, concedendo-lhe vista por 10 dias (art. 396-A, § 2º).

Se o acusado, citado por edital, não comparecer (não apresentar resposta escrita) e não constituir defensor, ficarão suspensos o curso do processo e o decurso do lapso prescricional, que só voltarão a correr se o réu, posteriormente, comparecer em juízo – espontaneamente ou em razão de prisão. Nesse caso, o prazo de 10 dias para a resposta escrita passará novamente a correr a partir de seu comparecimento pessoal (art. 396, parágrafo único, do CPP).

Apresentada a resposta escrita, os autos irão conclusos ao Juiz para analisar se absolve sumariamente o réu em face dos documentos apresentados na resposta escrita. Essa fase do procedimento, com a possibilidade de imediata absolvição do réu, é uma das maiores inovações da Lei n. 11.719/2008, devendo o juiz absolver sumariamente o acusado quando verificar presente uma das hipóteses do art. 397 do CPP: I – a existência manifesta de causa excludente da ilicitude do fato; II – a existência manifesta de causa excludente de culpabilidade do agente, exceto inimputabilidade; III – que o fato narrado evidentemente não constitui crime; IV – que ocorreu causa extintiva da punibilidade.

O recurso cabível contra a absolvição sumária é o de apelação, exceto na hipótese de reconhecimento de causa extintiva da punibilidade em que não há efetiva análise de mérito e que pode ser decretada em qualquer fase processual (art. 61 do CPP). Para esta última hipótese o recurso cabível é o em sentido estrito, nos termos do art. 581, VIII, do CPP.

Se o juiz não absolver sumariamente o réu, designará audiência, a ser realizada no prazo máximo de 30 dias, quando serão ouvidas as testemunhas de acusação e de defesa, nesta ordem, bem como feitos os esclarecimentos pelos peritos (que tenham sido requeridos pelas partes), e procedidas as acareações e reconhecimentos. Ao final, o réu será interrogado.

Terminada a instrução, as partes terão 20 minutos, prorrogáveis por mais 10, para os debates orais, na própria audiência e, em seguida, o juiz prolatará sentença, também oralmente.

Ao contrário do que ocorre no rito ordinário, no sumário não existe previsão expressa em torno da conversão dos debates orais em memoriais e da prolação de sentença por escrito em momento posterior. Considerando, porém, a complexidade dos crimes falimentares e, eventualmente, o número excessivo de réus, não se vislumbra qualquer nulidade na adoção desses procedimentos.

O número máximo de testemunhas que podem ser arroladas por qualquer das partes no rito sumário é de 5.

11.3.4. APLICAÇÃO SUBSIDIÁRIA DO CÓDIGO DE PROCESSO PENAL

Art. 188. Aplicam-se subsidiariamente as disposições do Código de Processo Penal, no que não forem incompatíveis com esta Lei.

Em razão desse dispositivo são aplicáveis aos crimes falimentares, por exemplo, as regras referentes ao sistema de provas (arts. 155 a 250 do CPP), as atinentes ao juiz, às partes e aos auxiliares da justiça (arts. 251 a 281), aquelas que dizem respeito à decretação da prisão e concessão de liberdade provisória (arts. 282 a 350), as referentes às citações e intimações (arts. 351 a 372), as que dizem respeito aos requisitos da sentença (arts. 381 a 393), as atinentes às nulidades e aos recursos (arts. 563 a 667), dentre outras.

Note-se, também, que, em face do art. 12 do Código Penal, as regras previstas na Parte Geral de tal Código aplicam-se aos crimes falimentares, quando não houver regra em sentido contrário na lei falimentar.

Quadro sinótico – Disposições penais

Sujeito ativo	Tipos de crimes falimentares: Próprios – cometidos pelo próprio devedor em concurso com as pessoas mencionadas no art. 179. Impróprios – cometidos por outras pessoas que, por alguma razão, têm algum vínculo com a falência.
Condição objetiva de punibilidade (art. 180)	Circunstâncias que não constam da descrição típica do delito e que, por essa razão, estão fora do dolo do agente no momento em que realiza a conduta. Classificação dos crimes da Lei n. 11.101/2005:
Condição objetiva de punibilidade (art. 180)	a) antefalimentares (ou pré-falimentares) – aqueles em que a conduta típica é realizada antes da decretação da falência ou da homologação da recuperação; b) pós-falimentares – aqueles em que a conduta típica é realizada após tais decisões.
Efeitos da condenação	– Imposição de penas privativas de liberdade (reclusão ou detenção) e a multa. – Imposição de penas restritivas de direitos (aplicadas em caráter de substituição). – Os efeitos elencados no art. 181 da Lei de Falências.
Prescrição	Segue as regras do Código Penal e começa a ser contada do dia da decretação da falência, da concessão da recuperação judicial ou da homologação do plano de recuperação extrajudicial. Nos crimes pré-falimentares, o prazo prescricional fica suspenso quando for interposto recurso contra a decisão que decretou a falência. As causas interruptivas da prescrição, como o recebimento da denúncia e a sentença condenatória, aplicam-se também aos crimes falimentares.

Competência	Pela nova Lei de Falências, a competência é do juízo criminal da comarca onde tenha sido decretada a quebra ou a recuperação. A competência para apurar e julgar crime falimentar é da Justiça Estadual.
Ação penal	**a)** Pública incondicionada. **b)** Subsidiária (no caso do silêncio do MP) e pode ser movida pelo credor habilitado ou o administrador judicial.
Rito processual	Os crimes falimentares adotam o rito sumário, exceto aquele previsto no art. 178, que segue o rito sumaríssimo.

12 DISPOSIÇÕES FINAIS

O art. 191 dispõe que as publicações ordenadas na lei serão feitas preferencialmente na imprensa oficial, e, se o devedor ou a massa falida comportarem, em jornal ou revista de circulação regional ou nacional, bem como em quaisquer outros periódicos que circulem em todo o País.

O art. 195 determina que a decretação da falência de concessionária de serviço público implica a extinção da concessão.

O disposto no art. 196 obriga os Registros Públicos de empresas a manterem banco de dados público e gratuito, disponível na rede mundial de computadores (*internet*), contendo a relação de todos os devedores falidos ou em recuperação judicial.

O art. 199 permite que as empresas que exploram serviços aéreos de qualquer natureza ou de infraestrutura aeronáutica requeiram a recuperação judicial ou extrajudicial. O seu § 1º, contudo, ressalva que, na recuperação judicial e na falência dessas empresas, em nenhuma hipótese ficará suspenso o exercício de direitos derivados de contratos de arrendamento mercantil de aeronaves ou de suas partes.

Por fim, o art. 200 revoga expressamente o Decreto-Lei n. 7.661/45. Revoga também os arts. 503 a 512 do Código de Processo Penal, que regulamentavam rito especial para apuração de crimes falimentares, procedimento que agora se encontra previsto nos arts. 183 a 188 da Lei n. 11.101/2005.

As normas de aplicação transitórias já foram estudadas no item 4.

Títulos já lançados

Volume 1 — Direito Civil — Parte Geral
Volume 2 — Direito Civil — Direito de Família
Volume 3 — Direito Civil — Direito das Coisas
Volume 4 — Direito Civil — Direito das Sucessões
Volume 5 — Direito Civil — Direito das Obrigações — Parte Geral
Volume 6, tomo I — Direito Civil — Direito das Obrigações — Parte Especial
Volume 6, tomo II — Direito Civil — Direito das Obrigações — Parte Especial — Responsabilidade Civil
Volume 7 — Direito Penal — Parte Geral
Volume 8 — Direito Penal — Dos crimes contra a pessoa
Volume 9 — Direito Penal — Dos crimes contra o patrimônio aos crimes contra a propriedade imaterial
Volume 10 — Direito Penal — Dos crimes contra a dignidade sexual aos crimes contra a administração
Volume 11 — Processo Civil — Teoria geral do processo e processo de conhecimento
Volume 12 — Processo Civil — Processo de execução e cautelar
Volume 13 — Processo Civil — Procedimentos especiais
Volume 14 — Processo Penal — Parte Geral
Volume 15, tomo I — Processo Penal — Procedimentos, nulidades e recursos
Volume 15, tomo II — Juizados Especiais Cíveis e Criminais — estaduais e federais
Volume 16 — Direito Tributário
Volume 17 — Direito Constitucional — Teoria geral da Constituição e direitos fundamentais
Volume 18 — Direito Constitucional — Da organização do Estado, dos poderes e histórico das Constituições

Volume 19 — Direito Administrativo — Parte I
Volume 20 — Direito Administrativo — Parte II
Volume 21 — Direito Comercial — Direito de empresa e sociedades empresárias
Volume 22 — Direito Comercial — Títulos de crédito e contratos mercantis
Volume 23 — Direito Falimentar
Volume 24, tomo I — Legislação Penal Especial — Crimes hediondos — tóxicos — terrorismo — tortura — arma de fogo — contravenções penais — crimes de trânsito
Volume 25 — Direito Previdenciário
Volume 26 — Tutela de Interesses Difusos e Coletivos
Volume 27 — Direito do Trabalho — Teoria geral a trabalho do menor
Volume 28 — Direito do Trabalho — Duração do trabalho a direito de greve
Volume 29 — Direito Eleitoral
Volume 30 — Direitos Humanos
Volume 31 — Processo do Trabalho — Justiça do Trabalho e dissídios trabalhistas
Volume 32 — Processo do Trabalho — Recursos trabalhistas, execução trabalhista e ações cautelares
Volume 33 — Direito Internacional — Público, privado e comercial